Originale aus dem Wupper-Tal

Impressum:

Druck: HP Nacke KG, Wuppertal
Buchbinderei: Werner Berenbrock, Wuppertal
ISBN Nr.: 3-87093-064-0

Inhalt

Vorwort

Über Wuppertaler Originale zu schreiben hat eine lange Tradition. Schon zu ihren Lebzeiten boten sie Journalisten und Heimatdichtern einen beliebten Stoff für kleine, meist mehr oder minder humorvoll angereicherte Geschichten – „Vertellches", wie es hier im Tal heißt. Später erschienen diese Berichte in der Lokalpresse weiter zu den runden Geburts- oder Todestagen der Originale. Leserbriefe ergänzten und korrigierten sie. Damit wurde nicht nur eine unterhaltsame, sondern auch sozialhistorisch interessante Informationsquelle gewonnen.
Die bekanntgewordenen Episoden, Streiche und Schlitzohrigkeiten sollen, soweit sie aufgespürt werden konnten, hier gesammelt und ergänzt werden. Das erschien erlaubt, denn immer wieder tauchten in der Stadtbibliothek, in den Buchhandlungen, im Stadtarchiv und im Historischen Zentrum die Fragen auf: Wer war das eigentlich? Haben diese mittlerweile stadtbekannten vier Typen wirklich gelebt oder sind sie nur erfunden? Waren sie Barmer oder Elberfelder und zu welcher Zeit konnte man ihnen noch begegnen?
Das rege Interesse ist verständlich, umso mehr, als man den vier Originalen heute personifiziert in Abelers Glockenspiel und teils auch in den überall begrüßten Denkmälern begegnen kann. Weiter existiert eine fröhliche, in Originalkleidung auftretende Gesangsgruppe und selbst die Biber in unserem Zoo heißen „Husch-Husch" und „Mina".

Dies Buch sollte kein bloßes Ulkbuch, aber auch keine wissenschaftliche Untersuchung mit vielen Fußnoten werden. Für letztere Kategorie enthält es auch viel zu viel anekdotisch Überliefertes und einfach Juxiges. Tatsächlich Geschehenes und witzig-hintersinnig Erfundenes sind in dem vorgefundenen Material fest verquickt und nicht zu trennen. Das ist auch gut so, es galt nicht, die Originale zu entzaubern.

Die persönlichen Anekdoten von Husch-Husch haben als Kern vermutlich manchmal Stellvertreter-Witze, sie werden anderswo über andere Personen ähnlich kolportiert. Damit soll aber nicht Husch-Huschs ganz offensichtlich vorhandene Courage geschmälert werden. Er spielt aber wohl doch manchmal in den damals über ihn weitergegebenen Erzählungen etwas die Rolle des Narren bei Hofe, den man sagen ließ, was selbst heruntergeschluckt werden mußte und der wegen seiner vorlauten Zunge nicht gehängt wurde. Zu zahlen hatte Husch-Husch schließlich doch.
Bei allem Bestreben, mit dem Buch über die Originale Spaß zu bereiten, sind ihre persönlichen Lebensumstände und ihre Armut nicht ausgespart worden, denn ihr Leben gleicht einer Münze mit zwei Seiten. Nach unserem heutigen Verständnis wird man ihnen und ihrem Schicksal nicht gerecht, wenn man sie, wie es zu ihren Lebzeiten meist geschah, nur als „drollige Typen“ betrachtet.

Dank schulden wir vor allem unserem gemeinsamen Freund Gerhard Birker, der uns mit seinem Detailwissen über unsere Stadt immer wieder in Staunen versetzte und von dem wir manch wichtige Hilfe bekamen. Ähnlich verpflichtet sind wir Herrn Dr. Gerhart Werner, dem früheren Leiter des Wuppertaler Stadtarchives, der freundlicherweise seine gesammelten Presseartikel über die Originale zur Verfügung stellte.
Diese anekdotischen Skizzen haben später die Herren Hans Geib und Kurt Schnöring bewahrt und fortgeführt. Ohne sie wären wohl die Originale immer mehr in Vergessenheit geraten. Daß dies nicht geschah, ist ganz sicher auch ein Verdienst des Wuppertaler General-Anzeigers/Westdeutsche Zeitung, dessen lange stadthistorische Berichttradition heute insbesondere Frau Ulla Dahmen-Oberbossel weiter pflegt.

Schließlich sind alle freundlichen Interviewpartnerinnen und -partner sowie die Schreiber von Leserbriefen und Artikeln zu erwähnen, die dabei halfen, das Bild unserer Originale deutlicher zu machen.

Bei der „Mina"-Forschung unterstützten uns Frau Ute Scharmann (Stadtbibliothek) und die Herren Dr. Uwe Eckardt (Stadtarchiv) und Dr. Michael Knieriem (Historisches Zentrum).
Frau Sigrid Born-Herrnstadt gab uns die Chance, dies Buch zu veröffentlichen, indem sie den Traditionen ihres Urgroßvaters folgte, der damals "Mina Knallenfalls" herausbrachte.
Wir wissen das Engagement des Born-Verlages zu schätzen und schließen in unseren Dank auch Klaus Burandt ein, der als Illustrator gewonnen werden konnte. Seine Zeichnungen sind das Salz in der Suppe.

Und nun - viel Spaß!

Wuppertal, im Oktober 1993

Heinrich Karl Schmitz
Wolfgang Winkelsen

K.-J. Burandt 93

Husch-Husch

Von den vier Wuppertaler Originalen, deren Leben in diesem Buch nachgespürt werden soll, hat ganz sicher „Husch-Husch“ das umstrittenste, interessanteste, aber auch menschlich erschütterndste Schicksal. Sein bürgerlicher Name war Peter Held. Am 2. August 1986 wäre der stadtbekannte Tippelbruder 100 Jahre alt geworden, der Wuppertaler General-Anzeiger widmete ihm deshalb einen längeren Nachruf. Kurt Schnöring schrieb damals:

„Sein Bild schwankt in der Erinnerung. Für die einen war er ein liebenswertes Original, andere betrachteten ihn als gewöhnlichen Stadtstreicher.“
Unter der Überschrift „Nachruhm“ faßte Ulla Dahmen-Oberbossel in einer Glosse zusammen: „Alte Fotos von ihm werden hoch gehandelt. Nicht wenige ältere Barmer rühmen sich: ‚Ich habe ihn noch gekannt!‘ Sein Konterfei ziert Bücher, und wie Mina Knallenfalls und Zuckerfritz ist er als Hampelmann erhältlich. Als Peter Held spielt er auch heute noch keine Rolle. Als ‚Husch-Husch‘ aber hat der Heckinghauser eine seltsame Wandlung erfahren. Die Wuppertaler haben aus dem Hausierer, Landstreicher, Penner - ein Original gemacht.

Nach 50 Jahren wird romantisch verklärt, was einst als abgerissen und ungepflegt galt. Nach 50 Jahren hat Peter Held seinen Spitznamen behalten, mit dem ihn die Kinder immer wieder und überall verscheuchten. Als ‚Husch-Husch‘ starb er schließlich im psychiatrischen Krankenhaus. Wer ihn dort einwies, bleibt bis heute im Dunkeln. Damals kümmerte das niemand.

Heute setzt sich vielleicht noch ein Heimatforscher daran und klärt das Schicksal des Originals endgültig. Und vielleicht können dann auch einige Peter Helds unserer Tage hoffen, in 50 Jahren zum Original erklärt zu werden.“

Folgt man dieser Aufforderung und versucht, mit Bekanntem und Neuentdecktem das Schicksal Peter Helds weiter aufzuhellen, so läßt sich der Hang der Wuppertaler, Peter Held romantisch zu betrachten, nur bestätigen.
Allerdings nicht erst seit er die himmlische Wanderschaft angetreten hat, ist Peter Held hier im Tal romantisiert und zum Original erklärt worden. Vielmehr gibt es zahlreiche Beweise dafür, daß er als „Husch-Husch" schon zu Lebzeiten von Zeitungsleuten, Straßensängern, Malern, Mundartdichtern und Kneipenbesitzern geschätzt und ihm, so wie er war, die Bezeichnung Original verliehen wurde.

Genauso richtig ist aber auch, daß schon damals viele Talbewohner vorsorglich einen großen Bogen um Husch-Husch machten, weil er - wie sie bis heute grollend feststellen - ihre Nasen, Ohren und ihr ästhetisches Empfinden strapazierte:
Husch-Husch in seinem Widerspruch.

Die Ballade von Husch-Husch soll mit seinem Bild, wie er auf Schusters Rappen durch Barmen und Elberfeld zog, beginnen:
Fotos zeigen einen breitschultrigen, mittelgroßen Mann, dessen rundes Gesicht von einem schwarzen Vollbart umrahmt wurde. Er hatte einen mächtigen Schädel, der nach oben merkwürdig spitz zulief, weshalb er wohl immer einen dunklen, verbeulten Filzhut trug. Buschige Augenbrauen und eine kräftige Nase bei tiefliegenden Augen ließen ihn auf den ersten Blick für besorgte Gemüter etwas finster wirken. Im Sommer trug er verbeulte Anzüge mit einer Weste, bei kälteren Temperaturen darüber einen abgetragenen, dicken schwarzen Mantel. Schon in jüngeren Jahren plagten ihn Beinschmerzen, deshalb ging er bald nicht mehr ohne „Krückmann".

Husch-Huschs eigentliches Markenzeichen war ein Margarinekarton. Diese Pappschachtel beherbergte sein Geschäft, denn er war „Reisen-

der in Sachen Kurzwaren". Seine Kollektion bestand aus Garnröllchen verschiedenster Farben, Knöpfen in vielerlei Größen, die meisten davon Mangelknöpfe, dazu noch Schnürsenkel, Näh- und Sicherheitsnadeln, manchmal sollen auch Bleistiftstummel dabei gewesen sein. Ging sein Geschäft gut, war auch seine Ware top. Zog der Umsatz sich schleppend hin, zeigten mit der Zeit einige seiner ehemals weißen Artikel einen Grauschimmer. Als Großhandelszentrum für diese Einkäufe diente ihm „Kurzwaren Risse" an der Klotzbahn.

Husch-Husch begann bereits in den Zwanziger Jahren, also zur Zeit der Weimarer Republik, im Straßenbild von Barmen und Elberfeld aufzutauchen. Zu Heckinghausen hatte er ein besonderes Verhältnis, denn dort hatten seine Eltern geheiratet und gewohnt, dort wurde er geboren. Deshalb zog es ihn auch manchmal in die Gaststätte „Zum leckeren Dröppken", Heckinghauser Straße 132, „Schankwirtschaft von Wwe. Otto Bube", die später von Emil Rüggeberg betrieben wurde. Ältere Heckinghauser kennen vielleicht noch den gemütlichen Wirtshausspruch über der Tür mit dem einladenden Treppchen: Kehre ein, laß Dich nieder, hat's geschmeckt, komme wieder.
Die Tochter der Rüggebergs, damals etwa vierzehn, erinnert sich heute allerdings etwas gruselnd an einige Besuche Husch-Huschs:
Sie brachte frühmorgens, etwa um halb sieben, das Restaurant ein bißchen auf Vordermann. „Mutter wollte mich auf die hausfraulichen Pflichten eines jungen Mädchens vorbereiten". Eine Angestellte schrubbte gleichzeitig, wie sich das für eine anständige bergische Wirtschaft gehört, den „Dörpel", das breite Gasthoftreppchen und verschwand ab und zu mit dem Putzwasser rechts um die Hausecke auf den Hof. Sobald sie die Ecke passiert hatte, schlich dann Husch-Husch aus seinem Versteck, der „Löv" (überdeckte Einfahrt) des Nachbarhauses Teppich-Daume, um plötzlich an der Gaststättentheke aufzutauchen und Schnaps oder Bier zu verlangen.

Zum leckeren Dröppken
Schankwirtschaft Wittwe von Otto Bube
WICKÜLER
K.-J. Burandt 1993

„Ich hatte immer eine irrsinnige Angst vor dem schlimm aussehenden, struppigen Kerl.“ Ausgeschenkt durfte in dieser Frühe noch nichts werden, auch nicht gegen Bares. Das hätte Husch-Huschs Morgenbesuche und seine Anhänglichkeit auch allzusehr gesteigert. „Glück hatte ich durch Tonis Zivilcourage, sie erschien Gott sei Dank immer rechtzeitig genug durch die Hintertür, um den lästigen Frühgast an die Luft zu befördern“. Er polterte dann und schimpfte vor sich hin. Schließlich, nach mehrfachen vergeblichen Morgengastspielen, blieb er aus.
War Husch-Husch also ein lästiger Penner und Mädchenschreck?

Zu diesem Bericht gibt es aber auch, und das ist typisch für Husch-Huschs Doppelgesicht, eine weitere Erzählung, die ein ganz anderes Bild zeigt:

Eines Morgens herrschte am Frühstückstisch der Rüggebergs gute Laune, denn am Abend zuvor hatte im „Leckeren Dröppken“ richtig die Kasse geklingelt, und die Stimmungswogen waren hochgegangen. Die Mutter erzählte, daß eine kleine farbige Afrikanerin - für die Zeit um 1930 ein ungewöhnlicher Besuch - abends gegen halb neun das Lokal betreten und die Gäste mit sehr schönen Liedern und Tanz unterhalten hatte. Alle Anwesenden freuten sich über diese nette, unerwartete Darbietung. Aber der Clou des Abends kam noch, als sich die Tür auftat und Husch-Husch das Lokal betrat. Er erfaßte wohl instinktiv die allgemeine Fröhlichkeit und beteiligte sich sofort mit tapsigem Getanze und eigenen „Gesangseinlagen“ an der kleinen Show. Alle Gäste akzeptierten den Zuwachs mit Hallo und die Stimmung war bestens.

Soweit Mutter Rüggeberg. Bei der Tochter, die Husch-Huschs Morgenbesuche verschwiegen hatte und ihn nach wie vor fürchtete, sind dann Zweifel aufgestiegen und bis heute geblieben. Mußte man Husch-

Husch aus dem Weg gehen? Ihre Gäste betrachteten den stadtbekannten struppigen Hausierer offensichtlich mit mehr Geduld.

Viel ist berichtet und gerätselt worden, woher Husch-Husch oft so plötzlich auftauchte. „Ohne festen Wohnsitz", wie es im Amtsdeutsch manchmal über ihn hieß, war er, besonders in kälteren Jahreszeiten, durchaus nicht. Der umherziehende Kleinsthändler fand überwiegend Nachtasyl in Unterkünften für Wohnungslose und Leute auf der Walz. Einen solchen Schlafplatz bot ihm die Heilsarmeebleibe in der Emilienstraße 11. Am häufigsten, das bestätigt auch der Hinweis einer Heckinghauserin, suchte er zur Winterzeit abends Unterschlupf in einem Barmer Männerheim und Obdachlosenasyl in der Bromberger Straße 71 mit dem tröstlichen Namen „Herberge zur Heimat".
Über die von ihm bevorzugten Freiluftquartiere ließ sich auch einiges in Erfahrung bringen. So nächtigte er gerne am Rand des Friedhofes Unterbarmen in den dortigen Kiesgruben, ebenso am Friedhof Norrenberg. Im Wald des Murmelbachtals lag er im Farnkraut bis der Morgen heraufdämmerte. In den Herbst- und Wintermonaten kam er oft von der Ziegelei gegenüber der Clausenbrücke den Neuenteich hinunter. Dort an den Öfen, wo die Ziegel gebrannt wurden, war es immer schön warm. Aus ähnlichen Gründen sah man ihn im Winter auch an den Kalköfen bei Wülfrath.

Eine sehr anschauliche Beschreibung von Husch-Husch im Sommerquartier gab eine Leserin aus der Oberbergischen Straße 37 im General-Anzeiger vom 29. August 1978:

„Unser Haus lag am Eingang des Kothener Waldes, in dem damals noch schönen Auerbachtal. Im Sommer gegen Abend kam Husch-Husch, überquerte die kleine Auerbachbrücke, wo rechter Hand eine Schlucht und darüber eine Kuhle (seine Sommerwohnung) war. Morgens kletterte er runter zum Bach, legte seinen Mantel, Hut, Stock und

Zigarrenkiste auf die Brückenmauer und machte große ‚Katzenwäsche‘. Mit einem Stückchen Kamm und ebensolchem Spiegel brachte er Haar und Bart in Ordnung. Dann war er startbereit. Wenn ich morgens zur Stadt mußte, marschierte er mit die Oberbergische Straße runter. Dann war er sehr redselig.“

Diese Leserin fürchtete sich offensichtlich kaum vor dem stadtbekannten Wanderbruder. Etwas unheimlicher war der hausierende Husch-Husch aber doch manchen Hausfrauen, wenn er plötzlich vor der Tür stand. Sie hatten ja auch am meisten mit ihm zu tun. Von ihrer halb ängstlichen, halb mitleidigen Duldung und ihren kleinen finanziellen Zuwendungen hing Husch-Huschs Wohlergehen in hohem Maße ab.

Karl Hugo Schnaudt, der 1878 in Barmen geborene Schriftsteller, beschrieb den Wuppertalern Husch-Huschs Besuche in einer Zeit, als dieser noch munter die Klinken putzte. Hier wird ganz deutlich, daß Husch-Husch schon damals, es war 1934, von allerhand romantisch veranlagten Talbewohnern mehr mit Schmunzeln als mit gerunzelter Stirn betrachtet wurde.

Einige Auszüge:

„‚Köfft se meck en Kleenigkeet aff, jonge Frau.‘ Die junge Frau schrickt jäh zusammen. Vor ihr steht ein zigeunerhafter Mensch, der ausgesprochene Typ des ‚bergischen Naturforschers‘. Sein Gesicht ist von Wind und Wetter, Luft und Sonne tief dunkel gebräunt und von den schwarzen Bartstoppeln wie von wildem Brombeergestrüpp überwuchert. Darüber sitzt verwegen ein dreckig-speckiger Filz. Mit einem ‚Fünfer‘, den die junge Frau eilfertig dem Thekenschößchen entnimmt, gedenkt sie den struppigen Gast bald wieder los zu sein, aber sie hat sich geirrt. ‚Nee, Fräuken, eck well nix gegewen han! Eck well wat verkopen. Da, sökt se seck wat ut!‘“

2
Margarine
K.-J. Burandt 1992

Karl Hugo Schnaudt malt dann weiter aus, wie auf die Aufforderung, den Groschen doch voll zu machen, die Hausfrauen meist sparsam reagierten. Husch-Husch trat dann mit Fassung den Rückzug an: „Jo! jo! De Stüern, die freeten us no op. Wenn min Geschäft emol nix mähr affschmitt, dann schmiet eck dat ganze Tüch en de Wopper. Nix för ongot! Se söllen ok bedankt sin. - Go'n moan!"

Ein richtiges Dokument zur Seelenlage mancher Wuppertaler und ein Beweis für ihre freundliche Toleranz gegenüber Husch-Husch ist ein Artikel aus der Bergisch-Märkischen Zeitung vom 10. März 1936, überschrieben „Hei levet noch! Husch-Huschende Gerüchte." Das war tatsächlich so etwas wie ein witzig ironisches „Gesundheits-Bulletin", mit dem Husch-Husch-Sympathisanten informiert werden sollten. Einleitend stellt der Artikel fest:
„Es ist ein Zeichen von ‚Popularität', wenn sich eine breitere Öffentlichkeit mit jemand ausgiebig beschäftigt und an seinem Wohlergehen Anteil nimmt! Wenn das nicht etwa bei einem ‚Großen' geschieht, sondern bei einem bescheidenen Kleinen, dann müssen schon besondere Dinge vorliegen."
Kurz und gut: Husch-Husch hatte es „an de Föt". Es waren Begleiterscheinungen, die auch sonst bei solchen „menschlichen Exemplaren herumziehender Unrast und ohne geordnete Lebens- und Unterkunftsweise sich einstellen."

Mit einer ausführlichen Gründlichkeit in der Darstellung, die heutzutage allenfalls beliebte Sportler und Showstars erfahren, verkündet das humorige „Bulletin":

„Da ist nun - und das möge von den einleitenden Sätzen zur Tatsächlichkeit neuesten Datums zurückleiten - der Vagabundus Husch-Husch notgedrungen unter ärztliche Behandlung im Städtischen Krankenhaus zu Barmen genommen worden. (gesperrt gedruckt).

Diese Tatsache hat sich herumgesprochen. Das hat dann als Folge der in solchen Fällen gewohnten Übertreibung den Patienten bereits in die ewigen Jagdgründe herüberwechseln lassen. Weitere Folge: eine Unzahl von Anfragen bei der Krankenhausverwaltung, ob wirklich Husch-Husch das Zeitliche gesegnet habe und an was der in der Öffentlichkeit bereits Vermißte verstorben sei. Da hilft offenbar die Aufklärung, die man am Fernsprecher immer wieder erteilt, nicht genügend, die Frageflut abzustoppen, so daß die Krankenhausverwaltung die Ortspresse um Hilfe bitten muß! Es wird also mitgeteilt, daß Husch-Husch in Behandlung gewesen ist wegen einer Erkrankung, deren Charakter wir oben andeuteten, daß er aber nunmehr wieder hergestellt zu seinem Geschäft und zu seinen Geschäftsfreunden zurückkehren wird. Vielleicht wird man nach der Zwangserholung und äußeren Erneuerung Mühe haben, das Original von gestern in dem Heute sofort auszumachen. Aber das wird sich dank der Zähigkeit, mit der Husch-Husch an Gewordenem und Gewohnten festhält, bald wieder geben. Eine mögliche Metamorphose wird dann bald wieder ausgetilgt sein. Husch-Husch lebt also und sieht der Zukunft, die mit dem beginnenden Frühling für ihn rosig anzuschauen ist, mit größter Gelassenheit entgegen."

Auch die Rheinische Landeszeitung vom 1. März 1936 fühlte sich aufgefordert, ihre Leser zu beruhigen:
„Stimmt's, daß Husch-Husch gestorben ist? - Nein, es stimmt nicht! Wohl stimmt es, daß er im Krankenhaus ist, aber in einigen Tagen wird er wieder mit seiner Margarinekiste durch die Straßen ziehen können und seine Mangelknöpfe und Bleistifte zum Kauf anbieten. Wuppertals letztes Original lebt also noch."

Bestimmt haben ihn damals auch die Kinder im Tal vermißt. Für sie war es ein richtiger Volkssport geworden, in Scharen hinter ihm herzuziehen und ihn mit dem Ruf „Husch-Husch, Husch-Husch im

Wolbernbusch“ zu ärgern (Wolbernbusch=Waldbeerenbusch). Husch-Husch schwang dann seinen Krückmann und lief unflätig schimpfend hinter seinen Plagegeistern her. Wenn der Verspottete einen Schreihals schnappte, setzte es Prügel. Ihn umkurvende Radfahrer soll Husch-Husch zielgerecht mit einem Stockwurf zwischen die Speichen „abgeschossen“ haben. Eine Heckinghauserin, die in ihrer Jugend öfters Zeugin von Husch-Huschs Dauerfehden mit der Straßenjugend wurde, gab hierzu eine nachdenkenswerte Schilderung: „Als einmal die Hänseleien der Kinder sowie das wütende Fauchen und Stockschlagen des gereizten Gesellen überhand nahmen, hat sich ein vorübergehender Passant eingemischt und den Versuch unternommen, den Krach zu schlichten. Husch-Husch ist aber dabei noch zorniger geworden und rief empört, er sei kein Mörder, doch die Kinder machten ihn noch einmal dazu.“

Wenn der Kinderschwarm verschwunden war, führte Husch-Husch verärgert noch lange laute Selbstgespräche.

Husch-Huschs Poltereien ließen viele Wuppertaler bis heute sauer reagieren. Besonders als er älter wurde, quittierte er bei seinen Bauchladenverkäufen Ablehnung an den Haustüren häufig mit regelrecht saugroben Schimpfkanonaden. Was Wunder, daß zahlreiche ältere Talbewohner, die noch seine Bekanntschaft machten, jeglicher romantischer Betrachtung abhold sind und ihm einzig und allein das Etikett „fiesen Käl“ zubilligen wollen.

Der Barmer Architekt und Heimatpoet August Homberg (1881-1976) sammelt wie in einem Brennglas böse die bürgerliche Betroffenheit und die mißbilligenden Vorbehalte gegen solche „klöngeligen Kerle“ wenn er reimt :

Margar
K.-J. Burandt 1992

Nun kömmt son anger Beest vöarbie,
en Mattkääl es doch Gold dogegen,
wie Java es die Kimme bruun,
doch äm es nix doraan gelegen.

Wie Suerkruut sin Backenbaat,
Gesecht so schwatt as wie en Neger,
de ganze Balg glänzt voller Schmear,
hä stenkt as wie en Hüüskesdreeger.

Hä dreegt en Käßken ongerm Arm,
hä bruckt dodraan seck nich tu ploogen,
völleit send drei Stöck Seepe drenn,
völleit ok noch en Barmer Bogen.

So hangelt hä van Huus tu Huus
vam Koopmannsgeest reit stolt dörchdrongen,
so hät hä manchem Bärmer Wiew
en Stöcksken Seepe opgetwongen.

On hätmä äm nix affgekofft,
dann speit de Mensch vöar Geft on Galle
on jedes Fraumensch schengt hä uut
ganz hongksgemeen en jedem Falle.

„Barmer Bogen“ waren Litzen, mit Seife dürfte Husch-Husch allerdings nicht gehandelt haben.

Es gibt aber nicht nur die Überlieferung vom schimpfenden Husch-Husch. Er muß auch schlagfertig und lustig gewesen sein, denn darüber werden bis heute zahlreiche Anekdoten erzählt, die nicht alle pure

Erfindung sein können und an deren Echtheit die Erzähler mit der gleichen Hartnäckigkeit festhalten wie die Front seiner Kritiker.

Im Unterbarmer Herz-Jesu-Kloster (damals noch ein Krankenhaus) gab er, als er wieder einmal dort behandelt wurde, wohl zur Klimaverbesserung zum besten, daß seine Schwester Nonne sei. „So, so", wunderte sich der Arzt, „Ihre Schwester ist also auch eine Braut Christi." „Jawohl." Beim Verlassen des Klosters hörten die erstaunten Nonnen: „Danke für die Pflege, mein Schwager bezahlt alles."

Wenn er einmal ins Krankenhaus mußte, war das in Husch-Huschs Augen keine Katastrophe. Schließlich war es da schön warm, man erbte reinliche Sachen und bekam von Leidensgefährten auch öfters einen guten Schluck. Für den war Husch-Husch - das ist ganz zweifelsfrei überliefert - sehr zu haben. Aber im Krankenhaus, so erzählt wieder Karl Hugo Schnaudt, mußte er dafür mancherlei Konzessionen machen:

„An einem Besuchstag war Biedermann Husch-Husch nicht rasiert. Die schwarzen Schlinggewächse an seinen tiefbraunen Backen wucherten in tropischer Üppigkeit. ‚Use Frauen on Weiter wären ja bang vör deck. - Du bliews also die ganze Besögstied me'n Kopp hie onger de Deck leien: - Verstehsse, - Sos göwt et keene Schlücke mähr!' Und Husch-Husch steckte gehorsam den Kopf unter die Decke als der erste Besuch kam und blieb zwei volle Stunden ‚unter Tage', denn er fürchtete, zu gänzlicher Enthaltsamkeit verurteilt zu werden. Pfiffig aber fragte er hinterher seinen Nachbar: ‚Sai, es dat dine Schwester, die met die helle Löckskes?' ‚Jo, dat es mine Schwester.' ‚Dat es deck äwer'n lecker Blag! Kasse meck ens grüßen!' ‚Eck meen, du hätts dän Kopp onger de Decke gehatt?' ‚Häw eck ok! Äwer wenn so'n lecker Weitchen kom, dann maut eck doch ens luuren!'"

Stimmt diese Geschichte, dann war Husch-Husch kein Weiberfeind. Zahlreiche andere Berichterstatter aber meinen, er habe zu Frauen - besonders jüngeren - ein gestörtes Verhältnis gehabt und häufig, wie erwähnt, in unflätigster Form hinter ihnen hergeschimpft. Mächtig ärgerten ihn Krankenschwestern. Er wurde - so wird erzählt - wohl manchmal auf Druck der Vorsteher der Männerherbergen zur Reinigung in die Klinik von Dr. Pipo in der Freiligrathstraße geschickt. Bei dieser Prozedur muß er wohl irgendwann einer richtigen „Schwester Rabiata“ in die Finger gefallen sein, jedenfalls scheute er danach die Karbolzunft wie der Teufel das Weihwasser.
Krach hatte Husch-Husch auch häufig mit der Polizei. „Pannasch“ beschimpfte er die Ordnungshüter, bei denen er sich oft über die ihn verfolgenden Blagen beschwerte, denn die Gendarmen gaben ihm offensichtlich wenig Beistand und halfen dem Gefoppten kaum, die Plagegeister zu vertreiben.

„Pannasch“ war Beamtenbeleidigung. Eigentlich rührt dieser harmlose Spitzname von dem französischen „Panache“ = Helm her und hätte danach eigentlich nichts Beleidigendes bedeutet. Die Helmträger sahen das anders. Tatsächlich bezeichnet das Wörterbuch der Elberfelder Mundart „Pannasch“ als „gängigen Spottnamen für Polizeibeamte“, gleichzeitig aber auch als mundartliche Bezeichnung für „Panhas“, ein leckeres bergisches Gericht aus Wurstbrühe, Mehl und Speckstückchen. In Scheiben geschnitten und gebraten schmeckt dieser „Hase der armen Leute“ den auch Husch-Husch schätzte, ganz prima. Folgende Geschichte soll sich dazu abgespielt haben:

Husch-Husch, tags zuvor wegen wütender „Pannasch“-Rufe auf der Wache verwarnt, strebte in eine Metzgerei. Als nun zufällig auch ein Polizist den Laden betrat, ließ Husch-Husch sich laut und deutlich vernehmen: „Bitte ein Viertel Schutzmann!“

Margarine
K.-J. Bürandt 1992

So etwas sprach sich herum und freute die Leute. Weitere Punkte sammelte Husch-Husch bald darauf: Ein Polizist versuchte ihn in seinem Kampf mit den Blagen gewissermaßen psychologisch aufzurüsten und riet ihm, er solle die „Husch-Husch“-Rufe doch einfach ignorieren. „Heißen Sie denn so?“ „Nee.“ „Dann geht Sie das Rufen doch auch nichts an.“ Als der Polizist sich nach dieser Weisheit umdrehte und einige Schritte weiter marschiert war, erklang es höhnisch „P a n n a a a a s c h“. Wütend eilte der Ordnungshüter zurück und wurde mit der scheinheiligen Frage empfangen: „Heißen Sie denn so?“ „Nein.“ „Dann geht Sie das Rufen doch auch nichts an.“

Aus dem relativ harmlosen Geplänkel mit der Polizei wurde aber ein gefährliches Spannungsverhältnis als das Dritte Reich heraufdämmerte. Entsetzt, aber auch innerlich amüsiert, registrierten die Gäste in einem bürgerlichen Lokal den Gruß des Tippelbruders an der Tür: „Heil Hitler - und guten Tag für die Andersgläubigen.“
Eine zweiundachtzigjährige Leserin, deren Brief am 29. Juli 1978 im General-Anzeiger veröffentlicht wurde, steuerte zu diesem Thema folgendes Beispiel Husch-Husch’scher Kaltblütigkeit bei:

„Wir wohnten in der Elberfelder Straße. In der Nebenstraße war eine kleine Kneipe. Der Besitzer wurde im Volksmund ‚Küttel‘ genannt. Gewiß weil er sehr klein war. Wir gingen abends oft in diese Wirtschaft, um Bier zu kaufen. Häufig habe ich den Husch-Husch dort gesehen. Er erzählte oft etwas in Wuppertaler Dialekt, was ich nicht alles verstand. Auf einmal kam ein ‚Sturmbannführer‘ herein. Husch-Husch hatte gerade etwas gesagt. Ich weiß es noch wörtlich: ‚Jo, dat woren noch Tieden.‘ Etwas erschrocken blickten wir auf den ‚Braunen‘. Mit selbstherrlicher Strenge trat er auf Husch-Husch zu und fragte mit herausfordernder Grollstimme: ‚Und heute?‘ Husch-Husch ließ sich nicht beirren und sagte ganz ruhig und langsam: ‚Ja, heute ist Donners-

tag.‘ Alle lachten schallend. Sogar der damals gefürchtete ‚Braune‘ verzog den Mund. Dann ging er hinaus. Zuhause habe ich, da wir gern lachten, dies erzählt. Wir hatten mehrere Geschäfte, so kam der Witz unter die Leute. Hat vielleicht Schule gemacht und wurde populär. Wir haben ihn oft zum besten gegeben.“

Offensichtlich hatte Husch-Husch Zivilcourage und ein dickes Fell. Er ließ sich nicht bange machen.
Haarsträubend gefährlich für das damalige politische Klima klingt allerdings ein weiterer Streich von Husch-Husch, den erstmals der frühere Stadtarchivar Dr. Gerhart Werner in seiner Artikelserie über die Wuppertaler Originale überlieferte.

Auf dem Neumarkt in Elberfeld soll Husch-Husch, vielleicht nach ein paar Körnchen, bei einer seiner Schimpfkanonaden gebrüllt haben: „Wir brauchen keinen Führer mehr.“ Auf der Polizeiwache befragt, ob er wahnsinnig sei, hätte Husch-Husch erstaunt erwidert: „Wir brauchen doch wirklich keinen Führer mehr. Wir haben doch schon einen.“

Die tollste Geschichte - nach Prüfung wohl ins Reich der politischen Legende gehörend - brachte ein Bericht von M.A.J. Bönner im Lokalblatt Barmen-Ost Aktuell am 13. August 1984. In einem Artikel über Husch-Husch, betitelt „Bergisches Original oder Stadtstreicher“, wird deutlich, welch unwahrscheinliche Taten ihm zugeschrieben wurden.

„Der Frau des braunen Wuppertaler Polizeipräsidenten, die ihn an der Tür beschimpfte, statt ihm von seinen Kurzwaren etwas abzukaufen, schrieb er prompt einen Brief in welchem er sie eine Dirne nannte. In der Tat hatte diese ‚Dame‘ eine höchst unrühmliche Vergangenheit und sie nahm es auch während ihrer Ehe nicht so genau. Von nun ab war der Pitter seines Lebens nicht mehr sicher.“

Husch-Husch als Kämpfer mit spitzer Feder? Wohl zu viel der Ehre, schriftliche Polemik dürfte ihm nicht besonders gelegen haben. Schlimmes wird in diesem Artikel auch über Husch-Huschs Verhaftung berichtet:

„Es soll bald nach der Kristallnacht geschehen sein. Fanatische Apostel von ‚Sauberkeit im Staate', pervertierte Puritaner stellten ihm die Falle, in die er laufen mußte und entlockten ihm ‚staatszersetzende Reden'. Da konnten sie ihn packen. Seine Häscher schleppten ihn heimlich ins Polizeigefängnis des Präsidiums. Dort wurde er vor Zeugen ‚sonderbehandelt', entlaust und gebadet. Sie schafften ihn beiseite in eine Anstalt, die er lebend nie wieder verlassen sollte."

Auch hier wucherten Gerüchte. Die dramatische Schilderung hat aber einen wahren Kern: Husch-Husch geriet wegen seiner Vagabundiererei und vielleicht auch wegen seiner aufmüpfigen Reden mehr und mehr ins Visier der nationalsozialistischen Ordnungshüter. Er paßte so gar nicht in das Bild vom „sauberen und arbeitsamen Volksgenossen" und mußte deshalb bereits am 11. Juni 1937 vor den Schranken des Landgerichts Elberfeld erscheinen. Aus der Rückschau schrieb dazu der Stadtanzeiger/Bergische Wochenpost vom 14./15. Februar 1969:

„Sauber gewaschen, den verwilderten Bart auf ein normales Maß zurechtgestutzt, war er in zeitgemäß strammer Haltung aufgetreten, um Eindruck zu machen und hatte feierlich gelobt, sich nun zu bessern und das Wohlfahrtsamt zu bitten, ihm Arbeit zu verschaffen. In der Tat gelang es dem gestrengen Gericht nicht, den Nachweis der Bettelei zu erbringen. Beglückt zog Husch-Husch von dannen und nahm unverzüglich seinen alten Lebenswandel wieder auf, trieb sich nach längerem Aufenthalt im Krankenhaus wieder von September bis Oktober in den rheinischen und westfälischen Städten und auf den Landstraßen umher, nächtigte in Scheunen und Strohschobern und unter Gottes freiem Himmel und lebte von der Mildherzigkeit der Spender. Da war

allerdings das Maß voll, denn die Justiz der Nationalsozialisten ließ nicht mit sich spaßen."

Jetzt machte ihm das Dritte Reich am 2. November 1937 erbarmungslos den Prozeß. Der General-Anzeiger folgte einer alten Tradition und berichtete wieder über das Wuppertaler Original, ein bißchen ironisch, vielleicht auch, um diesmal klarzustellen, welch „neuer Wind" jetzt in Wuppertal und der bergischen Region wehte und mit welcher Elle Originale jetzt zu messen seien.
So lasen die Wuppertaler am Mittwoch, dem 3. November 1937 zur Morgenlektüre in ihrer Tageszeitung:
„Vor dem Strafrichter- Husch-Husch soll nach Brauweiler
‚Der Angeklagte ist kein Original - wie manche Leute meinen - sondern ein dreister Landstreicher und lästiger Bettler.' In diesem Sinne äußerte sich in der gestrigen Sitzung des Elberfelder Einzelrichters ein Beamter der Kriminalpolizei über den 51jährigen Peter H. aus Wuppertal-E., der in Wuppertal und anderen bergischen Städten unter dem Namen ‚Husch-Husch' eine bekannte und zuweilen belachte, aber nirgends geschätzte ‚Persönlichkeit' geworden ist. Der bisher unbestrafte Angeklagte hatte vor einiger Zeit schon einmal wegen Umhertreibens und Bettelns vor Gericht gestanden, doch war es damals nicht gelungen, ihm zu widerlegen, daß er ständig in Herbergen übernachtete und nicht vom Betteln, sondern vom Hausiererhandel lebte. Gestern nun hatte die Anklagebehörde die nötigen Beweise in der Hand: Sie konnte belegen, daß Peter H. in 3 Monaten nur für 12.- RM Ware eingekauft und wochenlang keine Herberge aufgesucht oder sonst eine Bleibe gehabt hatte. Man konnte ihm sogar nachweisen, daß er Frauen, die ihm völlig fremd waren, ohne jeden Anlaß in gemeiner Weise beschimpft und Personen, die ihm nichts abkaufen bzw. schenken wollten, mit Schmähworten überschüttet hatte. Allerdings mußten die Belastungszeugen zugeben, daß er nirgends um Geldgeschenke oder

andere Gaben gebeten habe. Dafür konnten sie aber bekunden, daß er sein Ziel bei Geschäftsleuten durch seine abstoßende Aufmachung und bei Privatleuten entweder durch ein jämmerliches Gehaben oder eine drohende Haltung erreichte.

Alle diese Vorwürfe wollte der Angeklagte nicht gelten lassen, mal heftig, mal sanft versicherte er, daß die Zeugen ein falsches Bild von ihm entworfen hätten. Er werde nicht einmal mehr - wie früher - böse, wenn man ihn zu reizen versuche, sondern gehe still und genügsam seinem allerdings nicht angemeldeten Hausierergewerbe nach. Seines schwachen Herzens wegen trinke er jetzt mehr Milch als Alkohol. Auch auf Sauberkeit lege er mehr Wert als früher, nehme er doch jede Woche einen neuen Karton für sein Warenlager. Schließlich bat er das Gericht, ihn noch einmal probeweise laufenzulassen: wenn er diesmal sein Versprechen, seßhaft zu werden und richtige Arbeit anzunehmen, nicht halte, könne es ihn demnächst doppelt bestrafen. Das Gericht schloß sich jedoch der Auffassung des Anklagevertreters an, daß das Maß Peters voll sei: es verurteilte ihn zu einer sechswöchigen Haftstrafe und überwies ihn einem Arbeitshaus."

Soweit der General-Anzeiger. Husch-Huschs Stündlein schlug. Man hatte für ihn eine nach heutigen Verhältnissen drakonische Strafe bereit. Er mußte zunächst im Wuppertaler Kittchen Bendahl absitzen, wozu ihn der Richter verdonnert hatte, und wurde danach, das ist aktenkundig, zwei Jahre zur „Nachhaft" ins Arbeitshaus Brauweiler gesteckt. Den Sympathien des hausierenden Tippelbruders tat es keinen Abbruch, daß man ihn nun einlochte, im Gegenteil - er wurde noch populärer. Das Heckinghauser Sängerduo Heini Brüninghold und Hermann Pathe sang jetzt auf den Straßen und am Tresen eine neue Strophe. Hatte es vorher geklungen:

Im Namen des deutschen Volkes

„Drum Mädchen geh' nicht in den Busch,
da triffst du den Husch-Husch.
Husch-Husch das Original
im schönen Wuppertal.“

so hieß es nun in Moll:

„Husch-Husch, das Original
sitzt nun in Bad Bendahl!“

Was eine „Kur in Bad Bendahl“ war, wußte jeder im Publikum.

In vielen bisher in der Presse veröffentlichten Kurzdarstellungen von Husch-Huschs Lebenslauf ist zu lesen, er habe die Anstalt, in die man ihn einwies, nicht mehr lebend verlassen. Das ist für Brauweiler nachweislich falsch.

Von dort wurde Husch-Husch am 27. November 1939 wieder nach Wuppertal-Elberfeld entlassen und wohnte zunächst bei seiner Schwester Maria. Hier soll er seiner verblüfften Umgebung verkündet haben, er ginge jetzt zu den „Zaldaten“. Offensichtlich hatte er seine Schlitzohrigkeit noch nicht verloren, denn bald darauf fand man ihn tatsächlich bei den „Soldaten des Himmels“ in der Ernststraße 30. Dort war, unter dem nachsichtigen Regiment des Heilsarmeeoffiziers Wilhelm Oesterle, ein Männerheim. Oesterles Schützlinge konnten mit Zerkleinern von Brennholz, das später verkauft wurde, ihren Obulus für Kost und Logis beisteuern. Aber Husch-Husch hatte wohl durch Haft, Herannahen des Alters und seine Gehbehinderung nicht mehr die Bärennatur seiner frühen Wanderjahre. Er bekam nach dem Heilsarmee-Gastspiel schließlich eine wetter- und winterfeste Bleibe in Elberfeld, Neuenteich 1, wo er ab November 1940 zu finden war.

Hinter der Neuenteich-Adresse verbirgt sich das Städtische Versorgungshaus, so hieß in der Terminologie der damaligen Zeit das Armenhaus. Husch-Husch scheint noch einmal das Weite gesucht und wieder bei der Heilsarmee Quartier gefunden zu haben. Aber nach knapp einem halben Jahr, als der Herbst nahte, wurde er am 29. Oktober 1941 wieder ins Städtische Versorgungshaus überwiesen. Dort war er auch in der ersten Hälfte des Jahres 1943 noch zu finden, dies bezeugt der Brief einer damaligen Zahnarzthelferin. Sie schrieb am 14. November 1991 an Dr. Werner, den früheren Stadtarchivar, zu seiner Husch-Husch-Skizze im General-Anzeiger:
„Unser Husch-Husch , der mir seit meiner frühesten Jugend bekannt war, war 1943 in der Praxis von Dr. Hertmanni in der Zollstraße in zahnärztlicher Behandlung.“ Zum Wohnsitz des Originals konnte sie mitteilen: „Die Anschrift des Herrn Held, genannt Husch-Husch, war zu dieser Zeit ‚Neuer Teich‘. Die Nummer weiß ich nicht mehr. Sie können sich sicherlich den unvergessenen Augenblick vorstellen, als ich meinem Kinderschreck die Haustür öffnete. Ich war seinerzeit Helferin in der Praxis. Husch-Husch war gut rasiert, ordentlich gekleidet und von angenehmen Manieren. Soweit ich informiert war, war das Haus am Neuen Teich für sogenannte Arme von der Stadt eingerichtet.“

Husch-Huschs Spuren lassen sich also nach seiner Entlassung aus Brauweiler Ende November 1939 noch über mehrere Jahre verfolgen. Dann kommt es allerdings zu einer jähen, tragischen Unterbrechung.

Bekanntlich flogen englische Bomber in der Nacht zum 25. Juni 1943 einen Großangriff auf Elberfeld, der viele Teile der Stadt völlig zerstörte. Gerade der obere Neuenteich verwandelte sich durch Phosphor in ein Flammenmeer, in dem auch das Städtische Versorgungshaus verbrannte.

Hier gibt es nun, wieder durch einen Leserbrief an den General-Anzeiger, eine letzte Spur. Zwar sind diese Aussagen kein exakter Beweis, dennoch haben sie wohl einen hohen Grad von Wahrscheinlichkeit.

Der gehbehinderte Husch-Husch soll in der Bombennacht noch von Nachbarn, einem älteren Herrn und seiner Tochter, aus dem brennenden Städtischen Versorgungshaus herausgeholt und in das unmittelbar gegenüberliegende Haus Neuenteich 4 in die im Erdgeschoß liegende Waschküche gebracht worden sein. So berichtete jedenfalls später der Ehemann der jungen Frau, Alexander Röder, der an der Front war und später „Bombenurlaub“ bekam, in einem Leserbrief an den General-Anzeiger vom 29. Juli 1978. Seine Frau rief auch 1978 bei der Schwester Husch-Huschs an, als später in einer Zeitungsaktion versucht wurde, etwas über den Tod Husch-Huschs oder über seinen Verbleib nach dem Bombenangriff in Erfahrung zu bringen.
Heute lebt das Ehepaar Röder nicht mehr, und Frau Röder hat sich auch in einem ganz entscheidenden Punkt geirrt: Husch-Husch war offensichtlich nur schwer verletzt und ist nicht, wie die Röders meinten, noch in der Angriffsnacht an seinen schlimmen Brandwunden verstorben.

Auch Husch-Huschs Schwester Maria Röhrken hielt ihren Bruder für tot. Sie äußerte bei einem Besuch von WZ-Reporter Stephan A. Heuschen (General-Anzeiger/Westdeutsche Zeitung vom 22. Juli 1978), daß sie Peters Spur nach der Bombennacht verloren und geglaubt habe, er sei verbrannt. Tatsächlich aber muß man ihn gerettet und in eine Krankenanstalt gebracht haben.

Zunächst wies eine Spur zur Landesheilanstalt Galkhausen in Langenfeld. Als Reporter dort in den siebziger Jahren versuchten, das Schick-

sal Peter Helds nach dem Luftangriff zu klären, erhielten sie verständlicherweise keine Auskunft. Der General-Anzeiger vom 25. Juli 1978 schrieb dazu:
„Das psychiatrische Krankenhaus Langenfeld (früher Galkhausen) wollte gegenüber der WZ aus Gründen der Schweigepflicht keine Angaben machen, ob Peter Held tatsächlich bis 1953 dort untergebracht war."
Heute aber kann man zuverlässigen Presseberichten entnehmen, daß der einst so wind- und wetterfeste Wanderbruder Peter Held am 28. November 1953 in Galkhausen verstarb.
Husch-Husch hat also, trotz der zu vermutenden schweren Verletzungen noch zehn Jahre gelebt, ein Schicksal, das wohl bei allen, die seinen Lebensweg verfolgten, Mitgefühl und Erschütterung hervorruft.
Makaber wirkt vor diesem Hintergrund eine Episode, die Hans Geib noch zu berichten weiß:
Danach zog im Festzug des ersten Wuppertaler Heimatfestes „Buntes Band" im September 1950 ein Husch-Husch-Imitator „Pannasch" brüllend mit und wurde zum belachten Jux.

„Das ‚Original' hielt man damals schon für tot. In Wirklichkeit vegetierte Peter Held zu dieser Zeit noch in der Anstalt Galkhausen" (Wuppertal Magazin 1, 3. Jg. Januar 1988)

Wer aber war Husch-Husch?

„Keiner weiß wohl seinen Namen,
keiner seines Lebens Lauf.

Und so zieht er seine Bahnen
wupperab und wupperauf."

Diese Verse eines Wuppertaler Dichters oder Schlagertexters deuten schon an, daß sich, ähnlich wie um Zuckerfritz, auch um Peter Held kuriose Herkunftslegenden ranken: Sohn eines Pastors und Halbbruder eines berühmten Arztes soll er gewesen sein. Im Knopfloch seines ramponierten Überziehers habe sozusagen als Markenzeichen das „Bändchen der Einjährigen" gesteckt.

Die Wirklichkeit ist nüchterner:
Peter Helds Vater kam als Maurer aus dem Taunus ins Tal der Wupper und betrieb hier später die Besenbinderei. Husch-Huschs Mutter Wilhelmine, eine geborene Wilkes aus Haßlinghausen, war eine fleißige Frau, die das schmale Einkommen der neunköpfigen Familie durch einen Hausierhandel mit Kurzwaren aufzubessern versuchte.

Peter Held ist ein waschechter Heckinghauser. Seine Eltern heirateten 1877 in Barmen, Heckinghauser Str. 45 und zogen später in die Werléstr. 26. Dort wurde am 2. August 1886 Peter Held geboren.
Später zog die Familie nach Elberfeld und wohnte, als Peter zur Schule ging, in der Plateniusstr. 30 a. Der Vater wird jetzt im Adreßbuch von 1901 als Tagelöhner bezeichnet.
Nach der Schulzeit blieb der Junge zu Hause und half bei der Besenbinderei. Peter hat wohl kein anderes Handwerk gelernt, blieb unselbständig und geriet in Schwierigkeiten, als der Vater 1920 starb. Seine verheiratete jüngste Schwester Maria versuchte, „usen Pitter" noch mit einer kleinen Kammer in ihrer Nähe zu halten und ihm weiter ein Zuhause zu geben „Usen Pitter, dat wor schonnen witzigen Käl, watt de vertellen konnt".

Pitter tauchte aber immer seltener auf und ging schließlich als Hausierer auf die Walz. Meist sahen sich die Geschwister später nur dann für ein paar Tage wieder, wenn Husch-Husch im Krankenhaus verarztet wurde.

Achtzehn Jahre durchzog der Heckinghauser als vagabundierender Landfahrer das Bergische Land, dehnte seine Fahrten aber auch nach Westfalen und ins Rheingebiet aus. Nie sah man ihn mit einem anderen Tippelbruder. Er war auf der Walz ein absoluter Einzelgänger.

Husch-Husch war ein Original, ganz zweifellos. Ein Original kann man auch ohne Wasser und Seife werden. Daß die Leute sich über die Einschätzung dieses wilden Gesellen, ob „Bruder Lustig" oder „Fiesen Käl", stritten und immer noch streiten, macht nicht zuletzt einen Teil seines Reizes aus. Das gehört zu ihm wie sein Margarinekarton.

Servus Husch-Husch!

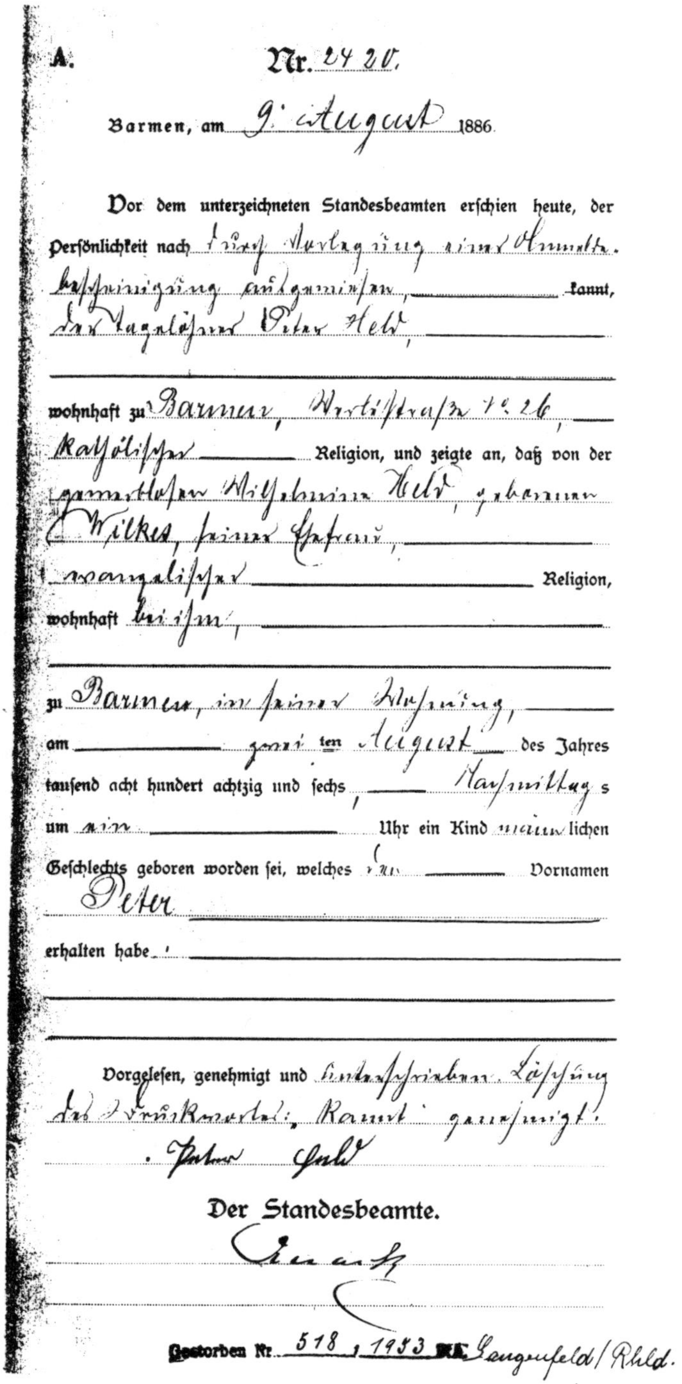

A. Nr. 2420.

Barmen, am 9. August 1886.

Vor dem unterzeichneten Standesbeamten erschien heute, der Persönlichkeit nach durch Vorlegung einer Armuths-bescheinigung ausgewiesen, kannt,

der Tagelöhner Peter Held,

wohnhaft zu Barmen, Wertherstraße No 26,

katholischer Religion, und zeigte an, daß von der gewerblosen Wilhelmine Held, geborene Wilkes, seiner Ehefrau,

evangelischer Religion,

wohnhaft bei ihm,

zu Barmen, in seiner Wohnung,

am zwei ten August des Jahres tausend acht hundert achtzig und sechs, Nachmittags

um ein Uhr ein Kind männlichen Geschlechts geboren worden sei, welches den Vornamen

Peter

erhalten habe.

Vorgelesen, genehmigt und unterschrieben. Löschung des Druckwortes: Kannt genehmigt.

Peter Held

Der Standesbeamte.

[illegible]

Gestorben Nr. 518 / 1953 Langenfeld/Rhld.

Nr. 2420

Barmen, um 9. August 1886

Vor dem unterzeichneten Standesbeamten erschien heute, der
Persönlichkeit nach durch Vorlegung einer Anmelde-
bescheinigung ausgewiesen, ...~~kannt~~,
der Tagelöhner Peter Held,

wohnhaft zu Barmen, Werlestraße No. 26, ...
katholischer Religion, und zeigte an, daß von der
gewerblosen Wilhelmine Held, geborene
Wilkes, seiner Ehefrau, ...
evangelischer .... Religion,
wohnhaft bei ihm, ...

zu Barmen, in seiner Wohnung,...................................
am.................... zweiten August.................. des Jahres
tausend acht hundert achtzig und sechs,.... nachmittags
um ein .... Uhr ein Kind männlichen
Geschlechts geboren worden sei, welches den ... Vornamen
Peter...
erhalten habe. ....
....
....

Vorgelesen, genehmigt und unterschrieben. Löschung
des Druckwortes: "kannt" genehmigt.
Peter Held

DER STANDESBEAMTE
???

Gestorben Nr. 518, 1953 Langenfeld/Rhld.

K.-J. Burandt 93

Zuckerfritz

Zu den bekanntesten Originalen Alt-Elberfelds gehörte in der Wilhelminischen Zeit bis kurz vor Ausbruch des Ersten Weltkrieges der Zuckerfritz. In den Straßen und Wirtshäusern kannte man ihn, wußte um seine kleinen Schwächen, aber auch um seine geschäftige Hilfsbereitschaft. Feinde hatte dieser friedliche Mann nie besessen. Schon der Name Zuckerfritz geht leicht über die Lippen. Tatsächlich war er ein Leckermaul, und Süßigkeiten gehörten zu seinen Leibspeisen. Betrachtet man ein Foto von ihm, heute übrigens eine Rarität, so lächelt einem, vor einer Schubkarre stehend, ein sympathischer Kerl in mittleren Jahren entgegen, und man kann ohne Mühe an Kleidung und Figur die ihm zugeschriebenen Besonderheiten und Schrulligkeiten entdecken. Zuckerfritz war ein spindeldürrer, hochaufgeschossener Mann, dessen graues, struppiges Haar eine alte Militärschirmmütze bedeckte. Sein Gesicht wurde von einem kurzen Lippen- und Kinnbart umrahmt. Aus dem Kragen einer alten Joppe sah, nobel um den Hals geschlungen, ein Seidentuch hervor. Der Abstand zwischen umgekrempelter Hose und den Schuhen war groß. Zuckerfritz trug ständig „Hochwasser". Den linken Arm ließ Zuckerfritz meist leger bis zu den Knien hängen, auf Fotografien ist der rechte Arm häufig angewinkelt und zwischen Daumen und Zeigefinger hielt er das, was ihm seinen Namen einbrachte: Ein Stückchen Zucker.

Zuckerfritz war schon zu seinen Lebzeiten ein Original und - wenn auch in Barmen geboren - aus den Straßen der aufstrebenden Stadt Elberfeld nicht wegzudenken. Auffällig war seine Fistelstimme, zudem plagte den dürren Mann wohl ein chronischer Schnupfen. Wenn sich an der Nase ein Tröpfchen bildete, entfernte es Zuckerfritz, so wird berichtet, in einer weitausladenden Geste vornehm mit dem Handrücken.

Zuckerfritz war ein ruhiger Typ. Er bewegte sich meist gemessenen Schrittes und legte vor allem Wert auf sein Äußeres. Vielleicht schenkten deshalb viele Bürger dem Gerücht Glauben, Zuckerfritz sei von adeliger Abstammung und heiße eigentlich „Fritz von Podscharly". Tatsächlich lebte im vorigen Jahrhundert in Elberfeld ein Drechsler, der sich Louis von Podscharly nannte. Seine Ehefrau war eine geborene Poth. Diesen Familiennamen trug auch Zuckerfritz. Sprach man ihn auf diese geheimnisvolle Herkunft an, so lächelte er nur philosophisch vielsagend und verriet nichts, auch dann nicht, wenn ihm eine Tüte „Klömpkes" versprochen wurde. Hobby-Forscher haben später seiner legendären Adels-Abkunft nachgespürt, aber da gab es kein Geheimnis zu lüften. Mit seinen schlitzohrigen Andeutungen wollte Zuckerfritz sich nur etwas interessant machen, denn aus den Unterlagen des Standesamtes Elberfeld geht klar hervor, daß er der legitime Filius bürgerlicher Eltern war. Damit löst sich auch eine andere, geheimnisvolle Geschichte auf, die der seinerzeit durch seine Augendiagnostik in Elberfeld bekannte Peter Johann Thiel unter der Hand über ein rätselhaftes Auftauchen des Kindes Fritz erzählte: Danach sollte in schwarzer Nacht eine Fremde den Säugling, vielleicht als Frucht einer heimlichen Liebe mit einem Adeligen, an der Haustüre des Waisenhauses niedergelegt und die Schelle gedrückt haben. Als die Tür geöffnet und der Säugling gefunden wurde, hatte die Finsternis die Mutter bereits wieder verschluckt. Leider ist diese schaurig-schöne Episode mit dem adeligen Hintergrund erfunden, allenfalls Fritz' Mutter, das ist einwandfrei nachgewiesen, war von „rheinischem" Adel - eine geborene Schmitz.

Zu reden wäre nun wieder vom erwachsenen Zuckerfritz und seinem späteren Broterwerb. Zuckerfritz' Markenzeichen war eine hölzerne „Schuffkar". Mit ihr verdiente sich der schmächtige, aber durchaus nicht schwächliche Mann seinen Lebensunterhalt. In unserem heutigen Branchenverzeichnis wäre er unter dem Namen „Spediteur" ge-

führt worden. Seine Auftraggeber waren Firmen und Geschäftsinhaber, Clubs und Vereine, Reiche und Arme - allen bot er seine Dienste an, und alle nahmen ihn mit seiner Schuffkar in Anspruch. Er beförderte so ziemlich alles, wenn es nicht ganz und gar seine Kräfte überstieg. Da Zuckerfritz Botengänge sehr gewissenhaft durchführte, hatte er einen relativ festen Kundenstamm und wurde immer wieder mit Aufgaben versorgt. Reich werden konnte man mit solch einer „Güterbestätterei", wie Zuckerfritz' abwechslungsreiche Fahrten in einem Zeitungsartikel genannt wurden, selbstverständlich nicht. Aber hier bewies sich die Volksweisheit, daß auch Kleinvieh Mist macht. Zuckerfritz hielt bestimmt nichts von Akkordarbeit, aber durch seine gemütlichen Botengänge wanderte doch nach und nach manche Münze in seinen Sparstrumpf. Dazu mag beigetragen haben, daß findige Köpfe sich durchaus nicht genierten, ihn als Postillion d'amour für ein Liebesbriefchen oder eine Nachricht einzusetzen. Da geheime Liebschaften zu allen Zeiten Mühe hatten, geheim zu bleiben - Wuppertal ist in dieser Beziehung damals wie heute ein Dorf - läßt sich mit Recht vermuten, daß der sicher etwas einfältige Zuckerfritz mancherlei Interna kannte, aber doch schlau genug war, darüber nicht zu tratschen. Ein Weiberfeind war Zuckerfritz zumindest in jungen Jahren nicht. Bekannt ist, daß eine Gemüsehändlerin sich Fritz in früher Mannesblüte erkoren hatte. Die Frau muß praktisch veranlagt gewesen sein: Mit einem jungen Mann als Anlieferer hätte der Handel mit nahrhaften Feld- und Gartenerzeugnissen bestimmt floriert. Fritz aber lehnte zum Kummer der Heiratslustigen ab, das freie Leben mit seinen Fahrten und Kontakten kreuz und quer durch Elberfeld erschien ihm offensichtlich reizvoller und abwechslungsreicher.
Bei seinen Kunden sprach sich die Schwäche des hageren Originals für Bonbons, Kuchen und manchmal, vor allem in Gasthäusern, auch nur ein paar Stücke Zucker schnell herum. Gern nahm er solche Süßigkeiten als zusätzliche Belohnung und handelte sich damit später, beson-

ders bei den Kindern, seinen Spitznamen ein, mit dem sie ihn und seine Schuffkar begleiteten: „Zuckerfritz, Zuckerfritz, Zuckärrr !“
Bekannt ist, daß er von freundlichen Gebern auch gerne ein gut erhaltenes Kleidungsstück annahm. Sein seidenes Halstuch soll er öfters erneuert haben, im Sommer diente es wohl auch als Schweißtuch. Eine gewisse Schwäche für das schöne Geschlecht scheint Fritz noch in fortgeschrittenem Alter verspürt zu haben, dafür spricht eine mehrfach überlieferte Anekdote: Bei einer seiner vielen Schuffkar-Fahrten stach den Junggesellen der Hafer, als er in einem Wirtshaus ein Fäßchen Schnaps anzuliefern hatte. Der Wirt wies seine Haushilfe an, Zuckerfritz beim Transport des Fasses in den Keller mit einer Petroleumlampe zu leuchten. Während sich der spillerige Fritz mit dem Faß die Treppe hinunter bemühte, gab das Mädchen einige spöttische Sprüche von sich. Deshalb konnte es sich Zuckerfritz nun seinerseits nicht verkneifen, dem Mädchen auf dem Weg nach oben mit seinen knochigen Fingern kräftig in die stramme Wade zu zwicken, was mit einem Schreckensschrei quittiert wurde und den Wirt auf den Plan rief. Als dann der hagere ertappte Sünder vor ihm stand, mußte sich der Restaurateur das Lachen verkneifen, aber einfach so davonkommen sollte der Übeltäter auch nicht. Es entwickelte sich folgender Dialog: „Wie kömms du aulen Bock dotu, dat Weit tu kniepen ?“ Worauf Zuckerfritz listig, aber mit ängstlicher Stimme antwortete: „Dat weet eck selver nit. Eck wohl äm jo eegentlich nit weah donn. Eck wohl bloß enns ongersöken, wie deep be äm dat Geföhl sot !“
Zuckerfritz, der zwar langsam, aber von gutmütiger Geschäftigkeit war, zeigte sich nie abgeneigt, für besonderes Entgegenkommen ein Extra-Zugeld anzunehmen. So wurde er eines Tages auf dem Höchsten in Elberfeld von einem dortigen Bewohner, der nichts anderes im Sinn hatte, als ihn zu foppen und wohl eine Wette abgeschlossen hatte, angesprochen: „He Fritz, woße deck wat nevenbie verdeenen?“ Freudig schlug der Angesprochene ein. Unangenehm wurde es dem jetzt

K.-J. Burandt 92

Engagierten erst, als der Mann absprachegemäß anfing, ihn mit Strikken auf der Schuffkar zu vertäuen. Kaum saß Zuckerfritz gefesselt auf seinem Gefährt, nahm sein Geldgeber den wackeligen Untersatz hoch, und ab ging es mit so hoher Geschwindigkeit den Höchsten hinunter, daß dem armen Gefoppten Hören und Sehen verging. „Haul aan, haul aan, haul doch endlich aan!“ hörte man die hohe Fistelstimme. Doch das Rufen wurde vom Krach der Schuffkar übertönt. Die Fahrt endete dann keineswegs am Ende des Höchstens, sondern es ging weiter die Klotzbahn hinunter bis zum Neumarkt. Schnell waren dort die beiden mit ihrem Gefährt von einer Schar Neugieriger umlagert, und Zuckerfritz mußte sich den Spott der Umstehenden gefallenlassen. Deshalb konnte sich der sonst eigentlich sehr friedfertige Mann schließlich bei der Entgegennahme seines sauer verdienten Lohnes doch nicht verkneifen zu sagen: „Et nöchste Mol kannße meck om Kopp blosen!“ und rieb sich dabei den wohl später in vielen Farben schillernden „Hengerschten“.
Ein anderes Mal geriet Zuckerfritz einer Gruppe ausgelassener Freunde in die Finger, die ihn anheuerten. Während er den einen Spaßvogel auf seiner Karre durch die Straßen schob, zogen seine Spießgesellen übermütig mit viel Klamauk und Allotria neben- und hinterher. Nach einiger Zeit wechselte dann der Fahrgast und erst als alle einmal das Gefährt ausprobiert hatten, zogen sie zufrieden von dannen. Auf diese Art gewann Zuckerfritz immer mehr Freunde und war später so bekannt wie ein bunter Hund.
Daß, wie erwähnt, auf vielen seiner Wege mehr und mehr die Straßenjugend hinter ihm her war, besonders später, als Spötter nicht mehr fürchten mußten, auch einmal seine knochigen Finger am Kragen zu spüren, machte ihm anscheinend nicht allzuviel aus. Ihr Geschrei: „Zuckerfritz, Zuckerfritz, do kömmt de Zuckerfritz,“ schien ihm, so berichten Zeitgenossen glaubwürdig, manchmal sogar zu schmeicheln.

K.J. Burandt 93

Victor Friedrich Storck erinnert sich in „Vaterhaus und Vaterstadt“ mit folgenden Verschen an Zuckerfritz:

„In Kälte und Hitz’
kommt Zuckerfritz
gefahren mit seinem Karren.
Die Jungs hintendrein
laut „Zuckäär“ schrei’n
und halten ihn oftmals zum Narren !“

Eines Tages schenkten ihm die Mitglieder eines Elberfelder Gesangvereins eine neue, in vielen Farben schillernde Schuffkar. Damit zog er jetzt stolz durch die Straßen und ließ sich bewundern. Eine neue Verdienstquelle wurde erschlossen, als Zuckerfritz nach auswärts stattfindenden Liederwettbewerben sonntags abends seine heimkehrenden Gönner am Döppersberger Bahnhof abholte. Dabei gab es immer ein fröhliches Hallo. Zuckerfritz führte bei diesen Treffen den Zug, die Karre voll von Musikinstrumenten, bis zum Stammlokal der Sänger an. Klar, daß er auch beim anschließenden Umtrunk nicht zu kurz kam.

Wenn man verschiedenen Überlieferungen glauben darf, passierte Zuckerfritz das größte Leid seines Lebens durch den Diebstahl seiner Ersparnisse in Höhe von 1200 Mark. Diesen Schuffkar für Schuffkar verdienten bescheidenen Schatz hatte er in seiner ärmlichen Wohnung in der Eskesgasse, in ein Seidentuch eingewickelt und versteckt.
In der Kaiserzeit, noch vor Ausbruch des Ersten Weltkrieges, war das, wenn die Summe zwölfhundert Mark stimmte, ein kleines Kapital, was die Befürchtungen mindern konnte, beim Nachlassen der Kräfte im Alter schließlich im Armenhaus zu landen. Dorthin geriet Zuckerfritz auch später nicht, es ist bekannt, daß sein Unglück sich herumsprach

K.-J. Burandt 92

und manchen seiner Gönner veranlaßte, großzügiger mit ihm abzurechnen.
Aber die Kehrseite des „freien“ Lebens mit seinem Gefährt auf den Straßen von Elberfeld holte Zuckerfritz schließlich doch ein. Zum Schluß fehlten die Kräfte für seine Transportfahrten, und er verlegte sich überwiegend auf den Verkauf von Ansichtskarten. Dabei hausierte er meist in Wirtshäusern und wirkte, so jedenfalls der Bericht aus einer Ronsdorfer Familie, jetzt häufig doch abgerissen und konnte auch ziemlich fürchterlich fluchen, wenn man ihm allzusehr auf den Leib rückte.

Zuckerfritz war zum Schluß, daran soll mit falscher Romantik nichts verändert werden, ein recht armer Schlucker.

Als der Lebensweg des stadtbekannten Originals zu Ende ging, lebte Zuckerfritz in der Tradition Elberfelds weiter. Dafür gab und gibt es immer wieder zahlreiche Anstöße. Zum ersten Mal wurde sein Bekanntheitsgrad aufgefrischt, als 1951 der Juwelier Georg Abeler den Zuckerfritz zusammen mit August Kallenbach in ein heute noch funktionierendes Glockenspiel einbaute. Dort marschieren sie im Stundenrhythmus schubkarreschiebend aneinander vorbei. Die beiden rund 75 cm hohen, aus massivem Holz gefertigten Figuren schuf der Münsteraner Bildhauer Helmut Gebhard.

1979 veranlaßte die Sparkasse die Herstellung der vier bekanntesten Wuppertaler Originale als Wanddekoration, die à la Hampelmann zu bedienen waren. Die künstlerische Ausführung übernahm der Wuppertaler Maler Klaus J. Burandt, der mit seiner Technik der Malerei die Vorstellungen von Zuckerfritz, August Kallenbach, Husch-Husch und Mina Knallenfalls personifizierte. Diese Sichtweise trat seither auch in der Souvenir- und Nostalgiebranche immer wieder in Erscheinung.

Sei
K.-J. Burandt
92

Einen handfesten Höhepunkt in der Zuckerfritztradition setzte die Stadt mit dem Denkmal der bekannten Bildhauerin Ulle Hees-Schettler. Am 19. Dezember 1979, fast 74 Jahre nach dem Tod von Zuckerfritz, wurde er durch die von ihr geschaffene Bronzeplastik „in voller Größe wiedergeboren“. Seit dieser Zeit sitzt Zuckerfritz mit seinem Arbeitsgerät, der geliebten Schuffkar, am Elberfelder Markt. Bestimmt hätte er, wenn er sich selber bewundern könnte, helle Freude an seinem bronzenen Doppelgänger gehabt, denn von ein bißchen Eitelkeit war schließlich - wie erwähnt - sein schlichtes Gemüt nicht frei.
Damals wie jetzt ist Zuckerfritz nun wieder von morgens bis abends von jung und alt umlagert. Er dient Verliebten als Treffpunkt zum Stelldichein, wird gestreichelt, beklopft und fotografiert. Respektlose Zeitgenossen versuchen, ihn mit Bonbons, Eis und anderen von ihm seinerzeit geschätzten Leckereien zu füttern. Im Regen wird oft ein Schirm über ihm ausgebreitet und im Winter hatte er plötzlich einen Mantel an.

Wer aber war Zuckerfritz ?

Der hagere Kleinstspediteur hieß in Wirklichkeit Friedrich Poth. Er wurde als Sohn des Buchbinders Friedrich Wilhelm Poth und seiner Ehefrau Maria Margaretha, geborene Schmitz, am 20. September 1830 in Barmen in der Gemarker Rotte geboren. Heute ist das die Gegend um den Alten Markt. Wie es heißt, soll er nach dem Tode seines Vaters mit der Familie nach Elberfeld gezogen sein, wo er dann sein Schuffkarunternehmen begründete. Seinen letzten Wohnsitz hatte er in der Albrechtstraße 11.

Warum er nicht in die Fußstapfen seines Vaters trat und die Buchbinder-Tradition, ein sehr ehrbares Handwerk, fortsetzte, darüber läßt sich nur mutmaßen. Er sei arbeitsscheu gewesen und habe eine Wagen-

bauerlehre abgebrochen, behauptet ein Leserbrief im General-Anzeiger. Es sei erlaubt, diese doch recht unfreundliche Bemerkung nach dem ausführlicheren Blick auf sein Leben wohlwollend etwas zu korrigieren: Vielleicht teilte sich Zuckerfritz nach alter Vagantenphilosophie sein Leben lieber selbst ein und mochte nicht unnötig in Streß geraten. Eine bürgerliche Existenz, man denke auch an das Angebot der Gemüsefrau, war ihm daher wohl versagt.

In den Kneipen, so etwa „Im Bienenhaus", wo Zuckerfritz manchmal anzutreffen war, blieb Fritz Poth trotz seiner Einfalt, seines absonderlichen Äußeren und seines ärmlichen Lebens am Rande der Gesellschaft doch ein Jemand, den sein Bekanntheitsgrad in der Öffentlichkeit schützte, und den man - so der General-Anzeiger in einer Zwölfzeilenmeldung am Tage nach seinem Tod - als „drollige Type" tolerierte.
Der „Schuffkarphilosoph" starb im Alter von 75 Jahren am 9. Mai 1906 im Krankenhaus am Arrenberg. Der heute so verrufene Zuckergenuß scheint ihm nicht geschadet zu haben, denn für die damalige Zeit war das doch ein recht gesegnetes Alter.

Geburt
von
Friedrich
Poth.

am 20. Septembr
1830.

No. 732.

Im Jahr eintausend achthundert dreißig —, am siebenundzwanzigsten September, Nachmittags um fünf Uhr, erschien vor mir Carl Wilhelm Brüninghausen Bürgermeister der Sammtgemeinde Barmen, der Bleicher Friedrich Wilhelm Poth wohnhaft in Gemarker Rotte, mit der Anzeige, daß am Montag den zwanzigsten dieses — Monats September des Abends — um eilf Uhr, ihm von seiner Ehegattinn Maria Margaretha geborne Schmitz ein Kind männlichen Geschlechts geboren sey, welchem er den Vornamen Friedrich beigelegt habe.

Zeugen bei dieser Handlung waren: Abraham Flanhard fünf und zwanzig jährigen Alters, Bandweber wohnhaft in Heckinghausen und Caspar Voos, fünf und vierzig — Jahre alt, Ackersmann wohnhaft in Hösfer Rotte.

Friedrich Wilhelm Poth

Ab. Flanhard

Caspar Voos

Nach Vorlesung haben Comparenten vorstehend unterschrieben.

Der Bürgermeister
Brüninghausen

Nr. 732

Geburt
von
Friedrich
Poth

am 20. September
1830

Im Jahr eintausend achthundert dreißig, am sieben-
undzwanzigsten September, Nachmittags um fünf Uhr,
erschien vor mir Carl Wilhelm Brünninghausen
Bürgermeister der Sammtgemeine Barmen, der
Buchbinder Friedrich Wilhelm Poth
wohnhaft in Gemarker Rotte, mit der Anzeige, daß am
Montag
den zwanzigsten dieses Monats
September des Abends um elf Uhr, ihm von
seiner Ehegattin Maria Margaretha
geborene Schmitz ein Kind männlichen
Geschlechts geboren sei, welchem er
den Vornamen Friedrich beigelegt
habe.

Zeugen bei dieser Handlung waren: Abraham Flanhard
fünfundzwanzig jährigen Alters, Bandweber wohnhaft
in Heckinghausen und Caspar Voes, fünf
und vierzig Jahre alt, Ackersmann wohnhaft in
Höchster Rotte
Friedrich Wilhelm Poth
M. Flanhart
Caspar Voes

Nach Vorlesung haben Comparenten
vorstehend unterschrieben.

Der Bürgermeister
Brünninghausen

K.J.Burandt 93

Mina Knallenfalls

Zu den vier „klassischen" Wuppertaler Originalen gehört auch „Mina Knallenfalls". Aber während die Schicksale ihrer drei Kollegen Quelle für Quelle zusammengesucht werden mußten, erscheint das „beim Mina" nicht nötig. Interessenten und Liebhaber bekommen in jeder Wuppertaler Buchhandlung, die ein bißchen auf sich hält, ihre Lebensgeschichte mit Konterfei und Namen.
Traurigerweise ist Mina dennoch nicht so bekannt und berühmt, wie sie es eigentlich verdiente. Über ihr Aussehen gibt es höchst verschiedene Vorstellungen und über ihr Leben kuriose Gerüchte.

1979 wurde in Elberfelds City an der Alten Freiheit von den Stadtvätern eine Bronze-Mina aufgestellt. Diese stupsnasige, dralle Person, entworfen von der Wuppertaler Bildhauerin Ulle Hees-Schettler, entspricht nicht unbedingt der literarischen Mina, die den größten Teil ihres Lebens im Elend lebte und am Ende resignieren mußte. Beim Denkmal ist wohl mehr eine Symbolfigur gewählt, die Tapferkeit gegenüber einem sozialen Schicksal, ein „Sich-nicht-unterkriegen-lassen" ausdrücken soll. Aber auch diese Sicht kam beim Publikum gut an und vergrößerte ganz erfreulich Minas Bekanntenkreis. Oft haken sich Betrachter bei der jungen Frau in Holzschuhen und langen Röcken zum Gruppenfoto ein. Mina ist bestimmt eine der meistfotografiertesten Frauen von Elberfeld.

Mit der Bronzeplastik sollte, so schrieb die Presse, Kunst zum Anfassen geschaffen werden. Das Publikum spielte mit und ließ sich von der rundlichen Schönen gern verführen:
Mit Vorliebe wird Mina auf den imponierenden Po geklopft. Häufig wird das Elberfelder Original aber bis heute nur von hinten begriffen, denn hartnäckig ernennen manche Betrachter sie zu einer deftigen

Markt- oder Putzfrau. Trotz einer Tafel im Boden mit dem Namen Otto Hausmanns, ihres literarischen Vaters und trotz einiger Verse, die Minas trauriges Schicksal schon ahnen lassen, schrieb die Wuppertaler Lokalausgabe von „Bild“ am 8. August 1988, als es wieder einmal Streit um den richtigen Stehplatz von Mina gab:
„Das Denkmal der resoluten Haushälterin steht an der Alten Freiheit.“
Das Blatt ergänzte: „‚Minna‘ ist eine erfundene Figur des Heimatdichters Otto Hausmann. In seinen ‚Bergischen Geschichten‘ tauchte die lustige Haushälterin immer wieder auf, brachte die Leser zum Lachen.“
Für Freunde der Mina ist so etwas aber gar nicht zum Lachen, denn hier stimmt wenig. Zunächst heißt die Verehrte nicht „Minna“, sondern „Mina“. Das mag sehr pingelig erscheinen, ist es aber nicht. Als liebevolle Abkürzung des steifen, in der Wilhelminischen Zeit natürlich viel vergebenen Vornamens Wilhelmina wurde daraus im Bergischen „et Mina“. Zur „Minna“ gemacht wurde der Name außerhalb des rheinisch-bergischen Raumes, vor allem im preußischen Berlin. Ferner war Mina keine resolute Haushälterin, sondern eine arme Arbeiterfrau aus Elberfeld. Schließlich gibt es auch die erwähnten „Bergischen Geschichten“ nicht. Otto Hausmann hat nie etwas unter diesem Titel geschrieben.

Wer Mina kennenlernen und mit ihr Freundschaft schließen will, muß schon das anfangs erwähnte Büchlein lesen.
Solches Lesen kann aber seine Tücken haben. Beispielsweise kam in eine der Wuppertaler Jugendbibliotheken ein etwa dreizehnjähriges Mädchen und fragte höflich nach dem Text der „Mina Knallenfalls“: Minas Schicksal sollte nämlich in der Schule behandelt werden. Hocherfreut ob dieses Interesses an heimatkundlicher Literatur händigte die Bibliothekarin ihr das Gewünschte aus. Schreckensvoll weiteten sich aber die Augen des Mädchens beim Aufblättern der

entliehenen Ausgabe: „Nein, das meine ich nicht. Das habe ich schon. Haben sie so was nicht... ich meine, auf Deutsch?“
An dieser Geschichte ist nichts erfunden. Sie hat sich wirklich so begeben und demonstriert köstlich eine entscheidende Schwierigkeit der Hausmannschen „Lewensgeschichte vam Mina Knallenfalls van äm selwer vertault“: Hier muß Elberfelder Platt bewältigt werden.

Jungen Leuten erscheinen solche Mundarttexte offensichtlich schwierig. Mit neugierigem Engagement, bißchen Zähigkeit und vielleicht dem „Wörterbuch der Elberfelder Mundart“ läßt sich Mina aber problemlos erobern.

Wenn also Mina keine für die Lachmuskeln erfundene Witzfigur darstellt, wer ist sie dann?
Sie ist ein Elberfelder „Weitschen“, ein Mädchen aus ärmlichsten Verhältnissen, das - mal traurig, mal mit unverwüstlichem Humor - seine Erlebnisse in Schule, Fabrik und Familie von der Geburt bis zur Ehe in deftiger Sprache und mit unerschrockener Ehrlichkeit schildert. Minas Heimat ist die Fuhr, ein von Otto Hausmann ganz bewußt ausgewähltes Stück Alt-Elberfeld. Wer heute wenigstens der einstigen Straßenzeile nachspüren will, muß vom Standort der Bronze-Mina etwa hundert Meter in Richtung Döppersberg marschieren und dann nach rechts einschwenken. Dort verläuft heute entlang der Wupper eine graue Betonpiste für den Omnibus.
Hier geriet man bis 1890 in die berühmt-berüchtigte Alte Fuhr: Etwa fünfzig bis sechzig winkelig verbaute Fachwerkhäuser, die bis zur Isländer Brücke eine doppelseitige enge und dunkle Straße bildeten. Keine Luxuswohnlage sondern, wie im Lied vom Bettelmann „hinter dem Städele“ das Armenviertel Elberfelds am Rande der Wupper.

Um 1800 war die Fuhr, besonders im östlichen Teil bei den wupperabgewandten Häusern mit ihren Gärten und Feldern zum

Döppersberg hin, noch freundlich anzusehen. Nach 1850 aber, als die Industrialisierung die Bevölkerungszahl Elberfeld/Barmens geradezu explodieren ließ, verkamen die alten Häuser am Fluß immer mehr zu schlimmen Elendsquartieren. Mittellose Zuwanderer strömten hierher: Durch die neuen Maschinen brotlos gewordene Familien auf der Suche nach einer notdürftigen Unterkunft. Immer mehr Menschen drängten sich an der Fuhr schließlich auf engstem Raum. Zum Teil waren diese Häuser erbärmlich winzig. Andere Gebäude, vor allem an der Wupperseite, waren bis zum Speicher aufgestockt und schmalbrüstig nach oben gezogen. Hinter solcher Bauweise stand die Angst vor dem schlimmen Hochwasser, das die Wupper Jahr für Jahr gurgelnd schickte.
Auf alten Postkarten wirken die Behausungen im Fuhrviertel zwar malerisch, aber sie waren vielfach Höhlen der Not und des Jammers, mit nassen Fußböden und Wänden. Krankheit und Ungeziefer plagten die Bewohner, im Trunk wurde Trost gesucht und Familienprügeleien waren an der Tagesordnung. Vielfach verdienten die Frauen durch Heimarbeit wie Stricken und Spulen noch ein geringes Zubrot, aber auch Dirnenquartiere, so vermerken Polizeiberichte, waren auf der Fuhr „seit Menschengedenken“ zu finden.

Minas „Lewensgeschichte“ versetzt ihre Zuhörer von Anfang an mitten in dieses Milieu:

Eck si an de Foahr ertrocken,
Mi Vader wor fuselkrank,
Mi Moder, die streckten Socken
On spolden onger de Hank.

Familie Knallenfalls haust in einem ausgebauten Speicher, dem „Auler“, der für eine Jahrespacht von zwanzig Talern - sündhaftes Geld für einen solchen Verschlag - bezogen werden durfte. Hier wird Mina geboren:

K.-J. Burandt 93

Vi hatten dän böwerschten Auler
För twentig Daler gepeit,
Wo onger haulerdebauler
Eck kom op de Welt äs Weit.

Das Schicksal des unter Holter-di-Polter auf die Welt gekommenen „Weits", des Mädchens Mina, wird dann in achtzehn Episoden in einem richtigen Versepos von ihr „selwer vertault".
Mina bringt ihre Erzählung durchaus nicht als fortwährende Klage oder Anklage vor. Das schlagfertige „Weitschen" von der Fuhr schildert vielmehr hautnah in überzeugender Echtheit seinen ganzen Lebenskreis in typischen Bildern. Dabei sind auch viele humorvolle Erlebnisse. Rauh aber herzlich geht es zu bei Familie Knallenfalls.
Man muß den Text im Mundartoriginal ganz lesen. Die Sprache der Fuhrleute läßt Hausmanns Verse wie aus einem Guß wirken. Einige typische Schlaglichter aus der Fuhrmädchen-Ballade gehören aber in die Vorstellung von Mina und reizen hoffentlich zum Griff nach Hausmanns Bestseller.

Mina mag ihr Leben nicht auf dem Speicher vertrödeln. Sie entwischt, wann immer es geht, in den naheliegenden Busch und drückt sich an Schule und häuslicher Spularbeit vorbei:

Met wat Schriewen, Reeknen, Lesen,
Woad eck en de Schoal erfreut;
Dat et es nit mear gewesen,
Kom, weil eck so völl gebläut.

Sowat brengt nix en dän Magen;
Et meßfeel meck röngs on tömm;
Lewer dätt eck met dän Blagen
Balgen meck em Bosch erömm.

Solch freies Buschleben wird aber von ihrem „Aulen“, dem Vater, häufig beendet. Dann treten Lehrer und Pastor in Aktion. Die Göre von der Fuhr legt sich aber schon in der Konfirmandenstunde aufmüpfig mit ihrem Seelsorger an. Als dieser seine Schar auf die Frage: „Was aber bist Du?“ einträchtig die Antwort „Ein Mensch!“ leiern läßt, regt sich bei Mina ein schlimmer Verdacht.

Ein Mensch? Schließlich hat sie oft genug die Mutter beim Klatsch mit anderen Frauen aus dem Fuhrhaus über Weiber zischeln hören, die in der verrufenen Straße mit einem bestimmten Gewerbe rasches Geld verdienten. Solche Weiber werden verächtlich ein „schleites Mensch“, ein „mieses Fraumensch“ genannt.

Doch das Konfirmandenkind aus dem Armenviertel will sich nicht zu einem liederlichen Fuhrfrüchtchen stempeln lassen. Mina reagiert wie eine fauchende Katze:

Dodrenn log meck doch en Hoken!
Eck en Mensch? Sonn blotjong Weit?!
Geftig woad eck en de Knoken,
On eck heff erut geschreit:

„Herr Paschtor, ä watt, geloten!
Wenn eck si ok van de Foahr,
Menscher fengt me op de Stroten,
On eck si noch lang keng -schleit Dier!“

Wenn Mina zunächst auch wütend die Erkenntnis mitnimmt:

Fule Paffen, Kerkenbrödersch
Sind verdammt dat schleitste Pack!

wird schließlich mit dem Pastor Frieden geschlossen und bei Knallenfalls’ auf dem Speicher Konfirmation gefeiert. Der Vater hat anläßlich

des frommen Festtages schon kräftig bergischen Korn „gepöselt“. Der macht ihm Mut, nun seinerseits der frühreifen, halbwüchsigen Tochter ein paar sehr erdennah ausgedrückte Lebensweisheiten mitzugeben. Etwas unklar schwebt ihm vor, die Bibelsprüche „lebenspraktisch zurechtzurücken“: Mina solle doch, so brabbelt das Familienoberhaupt, „die Beine zusammenhalten“:

„Mina“, seit hä, „wat vamorgen
Deck dä Paschtoar leit utreen,
Lot nit sinn din eenzig Sorgen,
Haul meck ok de Been bineen!“

Der anschauliche Ratschlag - an sich bei der für Frauen und Mädchen oft schlimmen Lage in der Fabrik bestimmt angebracht - läßt Mutter Knallenfalls aber in Rage geraten:
Mit einem wütenden „Haul de Mul, versoopnen Nickel!“ schmeißt sie den Suppentopf nach ihrem Ehegatten.
Schlagartig entwickelt sich danach eine der an der Fuhr zur Tagesordnung gehörenden Familienprügeleien: Unter Weiberkreischen und Hundsgebell spielen die unteren Mietparteien mit. Fast alle Haushaltsbrocken fliegen durch die Luft und werden zerdeppert. Als die „Pannaschkäls“ - die Gendarmen - auftauchen, gibt Mina ihnen eine umwerfende Erklärung:

Meck, eck stong grad an de Kanten,
Frogten se, wat wär passiert.
„O nix“, seit eck, „Herr Scherschanten!
Eck woad bloß märr konfermiert!

On do gof et wat Salbader
Dröwer, wat dä Paff geseit,
On mi Moder heet mi Vader
Bloß dän Text wat utgeleit!“

K.-J. Burandt 93

Durch Hausmanns Verse ziehen sich, so stellt ein guter Steckbrief Minas in den Wupper Nachrichten (17/92) fest, „wie ein Refrain“ Prügeleien aller Art.
Scheel Sämmler, ein lüsterner Meister in der Fabrik, kriegt von Mina resolut ein hölzernes Spinnried um die Ohren gehauen, als er das halbwüchsige Mädchen „no dän Ongerröcken“ greift.
Frau Kopp, eine kupplerische Nachbarin, schmeckt schmerzhaft den Besenstiel, als die geldgierige Vettel Mina für das horizontale Gewerbe in ihrem verschwiegenen Hinterstübchen anwerben will.

Über den Refrain der Fuhrkloppereien hat Otto Hausmann aber eine Hauptmelodie komponiert : Minas Liebesgeschichte mit ihrem „Bommelsjong“, dem Färber Karl.
Die kleine harte Welt des Fuhrmädchens hält nämlich auch Träume, manch glücklichen Tag und - wenigstens zunächst - unbeschwerte Freude bereit. Mit Karl wird die Kirmes besucht und abends zum Klang von Fidel und Brummbaß auf dem Thomashof getanzt:

Ach, dat woren schöane Tieden,
Wenn däm Kahl eck heng am Arm,
Denn eck maut dän Jong got lieden,
On minn Herz schlog för än warm.

Hä scheen dat ok tu kapieren,
Denn geng Owes eck no Bett,
Wor vam strammen Karessieren
Eck molls blond on blau gequett.

Mit Karl will Mina handfest ihr dunkles Fuhrleben in Richtung Glück umdrehen, mit ihm ein bißchen Sonne ergattern.
Ihre Träume verwandeln sich aber bald in Ängste. Ein damals ganz alltägliches Frauenschicksal holt Mina ein:

Wat heff eck nit utgestangen,
Bis en Mensch en Ahnong kreeg,
Dat met meck wat vörgegangen
On bereits wat wor om Weg.

Karl läßt sein Mädchen aber nicht „sitzen“. Wenn er auch ein armer Schlucker ist, für sein Herz gilt dies nicht. Zudem handelt er nach einem ungeschriebenen Ehrenkodex an der Fuhr: Wer kneift, handelt sich Prügel von Arbeitskollegen oder „Katzenmusiken“ vor der Haustür ein. So fallen Heirat und Kindtaufe auf einen Tag.
Nüchtern-realistisch schildern die Mundartverse weiter im Ausklang das Schicksal einer Arbeiterfamilie im frühindustriellen Elberfeld: Karl muß zu den Soldaten. Das bedeutet damals ohne den Hauptverdiener manches Elend. Die Miete kann nicht bezahlt werden. An die Luft gesetzt, landet Mina mit ihren Kindern wieder auf dem alten Speicher. Karls Heimkehr ändert nichts. Er hat sich, wie ihr Vater, beim Kommiß das Saufen angewöhnt und rutscht ab auf der „Klodderbahn“. Minas Spularbeit sorgt für ein bißchen Unterhalt, aber ein Ausweg oder Lichtblick zeigt sich nicht:

Dropp on draan dätt eck jetzt spolen;
Hä bleef op de Klodderbahn.
Jedes Johr, op Deuwelholen,
Komen bi us Blagen aan.

Sewen Stöck sind nu am Kreien,
On dä Auler es gepeit,
Wo eck op de Welt met Schreien
An de Foahr aankom äs Weit.

Keine noch so kleine Glückssträhne vergangener Jahre ist zu erwischen. Minas Lebensgeschichte endet traurig und resigniert:

Wead nit alles ronk gedreewen?
Es nit endlich alles Dreck?
Bi us fängt dat aule Lewen
Weder aan om aulen Fleck.

Wer aber war Mina?

Man darf Otto Hausmanns „Mina Knallenfalls“ eines der eindringlichsten dichterischen Zeugnisse über das Schicksal der vielen Familien des Wuppertals nennen, die mit ihrer Hände Arbeit den industriellen Wohlstand dieser Stadt mitschufen, aber auf der dunklen Seite der Straße blieben.

Was bewog wohl Otto Hausmann, ein solches Mundartepos voll lebensvollen Humors, aber auch gleichzeitig von einer nüchternen, holzschnittartigen Ehrlichkeit zu schreiben? Ein anklagendes Stück auch der Frauengeschichte, aber ohne jeden ausdrücklich agitatorischen Unterton?

Otto Hausmann wuchs in der Textildruckerei und Färberei seines Großvaters in der Elberfelder Kasinostraße 28 auf. Diese Kleinmeisterei, in der auch Hausmanns Vater und ein paar Gesellen arbeiteten, florierte zunächst. Bald nach der Geburt des Jungen kamen aber für Großvater Hausmanns Handbetrieb durch die fabrikmäßige Textildruckerei der Konkurrenz, die schon mit Dampfmaschinen arbeitete, große Schwierigkeiten. In der Phase der Hochindustrialisierung läutete dem Kleinbetrieb wahrscheinlich die Totenglocke. Das Haus mußte zu einem Drittel verschuldet werden.

Eine zusätzliche Belastung war das nach 1851 auftretende Siechtum von Otto Hausmanns Vater, wahrscheinlich Tuberkulose. Er konnte

seiner Arbeit nicht mehr nachgehen. Erst nach über zehn Jahren erlöste ihn der Tod.
Durch den Ausfall seines Sohnes schaffte es Großvater Hausmann nur noch mit äußerster Mühe, das Drucken und Färben weiterzubetreiben. Den Enkel zog der alternde Meister schon mit vierzehn Jahren durch harte Arbeit in der Fabrikation zum Lebensunterhalt der Familie heran. Ein Besuch der höheren Schule, eigentlich Wunsch des begabten Jungen, war damit ausgeschlossen.

Otto Hausmann wußte also, wovon er sprach, wenn er seine Mina sagen ließ:

> Eck kon nix nettes drenn fengen;
> Et wor en eawig Gedöhn,
> On eck bruk geweß nit tu sengen:
> „O Jugend, wie bist du so schön!“

Nur ein paar Straßen vom Hausmannschen Betrieb entfernt, hinter der Isländer Brücke, lag die Fuhr, wo das wachsende Industrieproletariat unter Bedingungen hauste, die sich immer mehr verschärften.
Nach dem Tode von Vater und Großvater schrieb Otto Hausmann in der Sprache der Arbeiter, deren Elberfelder Platt er aus dem Betrieb kannte und bestens beherrschte, seine „Mina Knallenfalls“. Das geschah wahrscheinlich zwischen 1869 und 1873. Vermutlich hat er sein Manuskript später wieder aus der Schublade geholt. 1874 richtete nämlich sein Stammtischfreund Johann Heinrich Born an der Ecke Wall/Kirchstraße in Elberfeld eine Buchdruckerei ein und wurde auch verlegerisch tätig. Der angehende Poet Hausmann soll, so erzählt die Verlagsgeschichte, dem Freund in der Kneipe Proben seines Versepos vorgelesen haben. Johann Heinrich Born gefiel Hausmanns Tochter auf Anhieb, er hatte offensichtlich für Minas Wert und Wirksamkeit die richtige verlegerische Witterung. Vorher mußte beim Bier allerdings

Freund Otto noch etwas „Rückgrat“ eingezogen werden, denn der wollte sein Manuskript anfangs nicht herausrücken.

Heute klingt das unverständlich. Vor dem Hintergrund der preußischen Kaiserzeit läßt sich Hausmanns etwas bängliches Verhalten aber besser verstehen. Zunächst war „Mina Knallenfalls“ das erste größere Mundartwerk des Elberfelder Dichters. Er wußte noch gar nicht, ob er seinem Talent bereits trauen durfte. Zudem war seine Fuhrmädchenballade für die damalige Zeit tatsächlich deftig. Mundart muß aber deftig sein, das gehört zu ihrem Wesen und macht sie dem Hochdeutschen an Ausdruckskraft häufig überlegen.

Wie empfindlich aber vor noch gar nicht so langer Zeit das Publikum auf ungeschminkte Textstellen in Elberfelder Platt reagieren konnte, zeigte ein angeblicher Entrüstungssturm in der Wuppertaler Stadtbibliothek:
Hier verließen bei einer Mina-Lesung die anwesenden Damen protestierend den Vortragssaal. Erschreckt wurde Mina in den sogenannten Giftschrank verbannt. Das behauptet jedenfalls ein späterer Zeitungsbericht, danach soll der weibliche Protest-Ausmarsch „kurz vor dem Zweiten Weltkrieg“ stattgefunden haben.

Vielleicht schwante Hausmann damals in der Kneipe auch schon Übles, weil er nicht einschätzen konnte, welches Aufsehen seine Schrift in manchen konservativen Kreisen Elberfelds erregen würde. Konnte der Staatsanwalt seine Bilder aus dem Fuhrmilieu zu einer unliebsamen sozialen Anklage erklären?
Kurz und gut: Johann Heinrich Born nahm das verlegerische Risiko auf sich und ließ die Schrift anonym erscheinen: Das Büchlein wurde, wie erwartet, ein Verkaufserfolg, Minas Schicksal fand gerade bei den weniger Begüterten breites Verständnis.

Auch bei der preußischen Polizei gab es eine durchschlagende Wirkung: Die Begeisterung teilte man behördlicherseits allerdings nicht. Bald erschien, so wird aus dem Hause Born berichtet, der Staatsanwalt und konfiszierte die Schrift. Wie der Verleger sich damals aus der Affäre gezogen hat, ist leider nicht überliefert.
Minas „preußische Gefangenschaft“ soll, so berichtet 1907 Gustav Hörter, ein Freund und Förderer Hausmanns, erst „nach längeren Jahren“ geendet haben. Dann aber mußte die sozial so ungeschminkte Schrift doch wieder freigegeben werden, das Verbot ließ sich offensichtlich nicht aufrecht erhalten.

Man konnte der Mina eigentlich zu keinem Zeitpunkt irgendwelche Staatszersetzung oder Kirchenfeindlichkeit vorwerfen. Nüchterne zeitgenössische Schilderungen von offizieller Seite, die Besserung bewirken wollten, nannten die sozialen Mißstände im Tal oft viel deutlicher beim Namen als Hausmanns angeblich so gefährliche Verse. Ebenso räumten Vertreter der Amtskirche viel Versagen auf ihrer Seite ein und beklagten die entstandene Entfremdung von der Arbeiterschaft.

Wie Anklage und Verbot der „Mina Knallenfalls“ durch den preußischen Staatsanwalt juristisch begründet werden konnten, bleibt heute noch rätselhaft. Bereits 1895, also noch zu Hausmanns Lebzeiten erschien die dritte Auflage des Buches und es war klar, daß diesmal die Polizei nicht vor der Tür stehen würde.
Jetzt aber kommt, gerade wegen des nun fehlenden Risikos, etwas ganz und gar Rätselhaftes in die Entwicklungsgeschichte von Hausmanns so populärem Werk:

Der Elberfelder Heimatdichter ließ auch die Ausgabe von 1895 anonym erscheinen und mied seine Musentochter weiterhin strikt! Er

erwähnte „Mina Knallenfalls“ nie und veranstaltete auch keine Lesung fürs Publikum. Mina erhielt, so scheint es, wie bisher nur einen armseligen Speicherplatz und blieb im Dunkeln.

Schon zu Hausmanns Lebzeiten gab es deswegen bei Kennern und Liebhabern der Mina Fassungslosigkeit und Schelte. Gab es irgendwo in der heimischen literarischen Landschaft einen ähnlich kuriosen Fall, wo ein Dichter sein bestes literarisches Stück derart unter den Scheffel stellte?

Warum las Hausmann nicht einfach vor einem handverlesenen Kreis von Freunden und Kennern? Wer die deftigen Stellen im Mundartton zu genierlich fand, solle doch einfach zu Hause bleiben, wetterten Minas Anhänger.

Hausmann schwieg aber hartnäckig weiter. Mehr und mehr hatte er sich unter dem Einfluß seiner Frau und eines Barmer Gymnasialprofessors anderen Themen zugewandt. Er schrieb jetzt liedartige Gedichte von wanderfrohen Gesellen, Liebespaaren beim wehmütigen Abschied und von trinkfesten Zechern. Viele dieser Poeme trafen damals recht gekonnt den Geschmack mancher bürgerlicher Schichten. Komponisten vertonten sie gerne mit eingängigen Melodien. So wurde aus dem einstigen Vater der „Mina Knallenfalls“ mehr und mehr ein Lyriker der Sangesbrüder.
Als kämpferischer Poet gegen Arbeiterelend und soziales Unrecht trat Hausmann nicht mehr hervor. Er wurde ein Mann zwischen den sozialen Fronten. Wenn am 5. November 1907, seinem siebzigsten Geburtstag in der Stadthalle sechshundert Sänger sein Lieblingslied und eigene Schöpfung „Zieh' hinaus bei Morgengrau'n“ sangen, fühlte er sich wohler.Mina aber ließ ihn nicht los. Ein Glückwunschtelegramm traf ein und erinnerte den Rabenvater:

Dem Dichter Otto Hausmann, meinem lieben Papa,
zum 70. Geburtstag !
Von Deinen vielen Kindern allen -
hab' ich am Besten wohl gefallen,
Und keins hat mehr die Welt beglückt -
ein jeder war von mir entzückt,
ich ward von Jung und Alt begehrt -
von aller Welt so hoch verehrt,
daß den Verehrern einst zum Trutz -
die Polizei mich nahm in Schutz,
so bist Du damals aller Orten -
durch mich bekannt, beliebt geworden,
und heut' zu Deinem Wiegenfeste -
begrüß' ich Dich aufs Allerbeste
und fall' glückwünschend Dir um den Hals
Dein Töchterlein Mina Knallenfalls

Otto Hausmann war dennoch nicht aus der Reserve zu locken. Bis zu seinem Tode 1916 hat es keine Auflage der „Mina Knallenfalls" unter seinem Namen gegeben, selbst 1927 bei der 6. Auflage fehlt noch immer die Autorenangabe. Erst 1937, zum hundertsten Geburtstag des Dichters, veröffentlichte der Born-Verlag die 7. Auflage auf eigene Verantwortung endlich unter Hausmanns Namen.

Für die eiserne Distanz, die Hausmann zu Lebzeiten übte, hat es vielleicht außer Polizei und Sittenrichtern noch andere, von dem Dichter bewußt verschwiegene persönliche Gründe gegeben. Möglicherweise konnte die jüngste Hausmann-Forschung darauf eine Antwort finden:
Es war ein glücklicher Fund als 1991 im Trauregister der evangelisch-reformierten Gemeinde Elberfeld eine Eintragung auftauchte, aus der

Blatt Nr. 27.

Leitung Nr. 1458

Telegramm Nr.

Aufgenommen von

den 5/11 1907

um 10 Uhr 48 Min.

durch Böhm

Telegraphie des Deutschen Reichs.

Amt **Elberfeld.**

dem dichter otto hausmann ,

meinem lieben papa , zum 70 . geburtstage ! =

№ 2

Telegramm aus .+ .+ v elberfeld 92/90 w 10,38 m = ... W. den ...../..... um ..... Uhr ..... Min.

von deinen vielen kindern allen - hab ' ich am besten wohl gefallen ,-
und keins hat mehr die welt beglueckt !- ein jeder war von mir entzueckt ,
- ich ward von jung und alt begehrt , von aller welt so hochverehrt .-
dass den verehrern einst zum trutz ,- die polizei mich nahm in schutz !-
so bist du damals aller orten ,- durch mich bekannt , beliebt geworden !-
und heut zu deinem wiegenfeste - begruess ich dich aufs allerbeste -
und fall glueckwuenschend dir um den hals ! =

dein toechterlein mina knallenfalls .

C. 187.

hervorging, daß im Jahre 1804 ein Drucker und Färber namens Friedrich ***Karl*** Hausmann eine junge Frau namens Maria Wilhel***mina*** Maas heiratete. Ort der Handlung: Ein altes Haus in der ***Fuhr***, nach damaliger Schreibweise „An der Fohren, Section F, Nr. 12“. Es waren Otto Hausmanns Großeltern. Der Elberfelder Verseschmied hatte nie ein Sterbenswörtchen darüber verlauten lassen, daß sie aus der Fuhr kamen.
Die Überraschung war perfekt: Hatte Mina Maas vielleicht für „Mina Knallenfalls“ Pate gestanden? War sie „an de Foahr ertrocken“ in einem „Stall voll Blagen“? Das herangezogene Taufbuch nennt leider keine Adresse. Maria Wilhelmina Maas wurde darin am 22. Juli 1776 mit ihrem später so schicksalsvollen Vornamen eingetragen.

Eine angestrengte Suche begann in den Archiven. Steuerlisten und andere Dokumente wurden durchblättert - Mina aber trat nicht aus dem Dunkeln. Immerhin ließ sich aus den Kirchenbüchern in Erfahrung bringen, daß Mina Maas' Vater, der Schreinermeister Johann Friedrich Maas, eine Solinger Schwertschmiedetochter namens Anna Catharina Stamm geheiratet hatte. Das Ehepaar hatte neun Kinder, der „Stall voll Blagen“ stimmte also.
Als diese neuen Ergebnisse 1991 zum 75. Todestag Otto Hausmanns vorgetragen wurden, berichteten die „Bergischen Blätter“ und der Wuppertaler „General-Anzeiger“ über den erstaunlichen Fund. Jetzt half das Glück weiter.
Es passierte etwas, wovon Historiker, wenn sie sich in eine Suchaufgabe verbissen haben, meist nur träumen: Ein handschriftlicher Lebensbericht tauchte auf.
In der Stadtbibliothek meldete sich eine Leserin mit einem kleinen Schließbuch, das Erinnerungen ihres Urgroßvaters enthielt. Der Name dieses Mannes: Gottfried Henrich Jacob Maas. Es war der Sohn von Mina Maas' Bruder, ihr Neffe also.

Der Verfasser der Handschrift, geboren 1812, war ein bemerkenswerter Mann: Er verließ die Fuhr, betrieb die Kunsttischlerei und begründete eine Dampfsägerei.
Mit Fleiß brachte er es zu ansehnlichem Wohlstand. Zwischen 1852 und 1862 war der tüchtige einstige Tischler sogar Stadtverordneter in Elberfeld.

Gottfried Maas aber vergaß und verleugnete seine Fuhrvergangenheit nicht. Seinen Bericht für Familie und Nachfahren, der viele hochinteressante heimat- und sozialgeschichtliche Einzelheiten enthält, nannte er „Mittheilungen in Bruchstücken aus meinem Leben“.
Detailliert beschreibt der einstige Tischler sein Elternhaus an der Fuhr und schildert auch das naheliegende Haus seiner Großeltern, in dem Mina Maas aufwuchs. Sie und alle ihre Geschwister werden namentlich aufgezählt. Schließlich wird auch über die benachbarten Hausbesitzer so präzise berichtet, daß jetzt mit Hilfe von alten Katasterkarten das Haus von Mina Maas' Eltern geortet werden konnte. Das kleine und alte Gebäude lag am Rande der östlichen Fuhr, auf der wupperabgewandten Seite. Mina Maas' Vater betrieb dort eine Schreinerei. Die Wohn- und Lebensverhältnisse müssen bescheiden gewesen sein, aber eine ärmliche Hungerexistenz, wie vielleicht manche Familien aus der Nachbarschaft im westlichen Fuhrteil, führte der Schreinermeister Maas mit den Seinen nicht.

Maria Wilhelmina Maas wuchs in der kinderreichen Familie auf und besuchte vermutlich, wie „Mina Knallenfalls“, die lutherische Pfarrschule und den Konfirmandenunterricht. Leider sind diese Kirchenakten vernichtet.
Während die Brüder ein Handwerk erlernten, blieb die Tochter im elterlichen Hause „An der Fohren Nr. 12“. Ihre spätere Heiratsurkunde bemerkt jedenfalls „bey den Eltern gewesen“. Von dort wird die junge

K.-J. Burandt 92

Frau einem Verdienst nachgegangen sein, zumal sie erst mit achtundzwanzig Jahren heiratete. In Handwerkerfamilien saß niemand untätig herum, jede Hand wurde gebraucht. Möglicherweise fand die Schreinerstochter deshalb auch wie Mina Knallenfalls in einer der schon damals existierenden und nicht weit entfernt liegenden Spinnfabriken Arbeit oder spulte zuhause.

Ihr späterer Mann Karl Friedrich Hausmann kam als junger Handwerker auf der Walz von Hessen-Nassau nach Elberfeld. Die hiesigen Textildruckereien und Färbereien zogen ihn wohl an, denn sie boten Arbeit. Bei Handwerksburschen ist Schmalhans Küchenmeister und die Börse meist leer. So verschlug es Hausmanns Großvater wohl ins Fuhrviertel, als er eine preiswerte Bleibe oder nur einen Platz als Schlafgänger suchte. Minas Brüder waren erwachsen und teilweise schon außer Haus, daher bot vermutlich das kleine Heim der Familie Maas auch dem Wandergesellen Platz. Mina und Karl müssen rasch Gefallen aneinander gefunden haben, denn die beiden mußten - diese Indiskretion sei wegen der aufzuzeigenden Ähnlichkeiten mit „Mina Knallenfalls'" Schicksal verziehen - eilig heiraten.

Man darf als sicher annehmen, daß Karl Hausmann auch nach der Hochzeit im Hause seiner Schwiegereltern blieb, denn Minas Kinder wurden alle „An der Fohren Nr. 12" geboren. Auch Otto Hausmanns Vater erblickte hier das Licht der Welt, wuchs am Wupperrand auf und erlernte die Färberei. Das winkelige Armenviertel war in Kindheit und Jugend bis vermutlich zum zwanzigsten Lebensjahr seine Welt und sein Zuhause.
Leicht war das Leben der jungen Familie bestimmt nicht. Karl Hausmann war, realistisch gesehen, zunächst ein eingeheirateter Habenichts und lohnabhängiger Handwerker. Er wird in den naheliegenden Manufakturen sein Brot verdient haben, vielleicht hat seine Mina es

ihm manchmal gebracht. Viele Jahre haben die beiden warten und sparen müssen, bis 1825/26 der Auszug aus dem Fuhrviertel möglich wurde und Karl Hausmann seinen eigenen Kleinbetrieb in der Kasinostraße gründen konnte.

Hausmanns Großmutter Mina zog mit in die neue Existenz. Einundfünfzig Jahre, damals ein ganzes Frauenleben, hatte die Fuhr sie festgehalten. In den bisher bekannten, spärlichen Aussagen zu seinem Leben hat Hausmann sie nie erwähnt. Das ist um so erstaunlicher, als der Elberfelder Poet diese Frau wahrscheinlich sogar geliebt hat: Sie nämlich dürfte ihn bis zu seinem elften Lebensjahr behütet und versorgt haben. Hausmanns Vater verlor nämlich zwei Frauen im jungen Alter, wahrscheinlich durch Kindbettfieber. Fünfjährig wurde Otto Hausmann schon Halbwaise und Großmutter Mina erzählte dem kleinen Jungen bestimmt manches aus ihrem harten Alltag und früheren Leben.

Alle diese „Indizien" lassen die Theorie, in Maria Wilhelmina Maas das Vorbild der „Mina Knallenfalls" gefunden zu haben, nicht leichtfertig erscheinen. Diese Frau führte auch ein hartes und entbehrungsreiches Leben, in Dreck und Elend lebte sie allerdings nicht.

Hausmann hat ihr Schicksal in eine spätere, noch viel härtere Zeit versetzt und ihre Familienverhältnisse dramatisch verschärft.
Schämte er sich später deshalb seines Werkes? Das allein war wohl nicht die Ursache seiner unerklärlichen Zurückhaltung.

Hier bekommt die Geschichte der „Mina Knallenfalls" am Ende noch einen pikanten Zug:
Mina Maas' Brüder und Neffen hatten die Fuhr längst verlassen, als in einer Zeit der ständig anwachsenden Fabriken immer mehr fremde

K.-J. Burandt 92

Arbeiter nach Elberfeld strömten. Jetzt entwickelte sich das verfallende Fuhrviertel fast ausschließlich zu einem berüchtigten Dirnen- und Bordellquartier.

Hausmann selbst schrieb in „Alt-Elberfeld“ später reichlich schwülstig: „... die Hefe des miserabelsten Proletariats von Elberfeld hatte dort in der Mehrheit ihr Heim aufgeschlagen“ und fährt im Grusical-Ton fort: „... die niedrigsten Dienerinnen der galanten Göttin trieben dort mit einer Offenheit und Ungehörigkeit ihr einträgliches Gewerbe, wie man dieses gleicherweise nur in den großen Hafenstädten des Nordens und des Südens wiederfindet.
In den Hausfluren und vor den Türen lagerten und paradierten diese dickgeschminkten Engel der Liebe in fast unglaublicher Nacktheit und Blöße und boten der vorübergehenden Männlichkeit für billigen Preis ihre zweifelhaften Reize an.“ Zum Schluß hieß es warnend: „... manche verbrecherische Tat hat von dort aus ihren Weg genommen!“

Niemand ahnte, daß der Wuppertaler Dichter hier im Stil eines Schauerromans ein Stadtviertel charakterisierte, aus dem der eigene Vater und die Großeltern stammten.

Die Situation an der Fuhr verschärfte sich mehr und mehr. Vorliegende Polizeiberichte registrierten besorgt die stets wachsende Anzahl der „Winkelbordelle“ und berichteten über einen „Aufpasserkrieg“, den sich von Zuhältern bezahlte Kinder und die Behörden lieferten.
Das Faß zum Überlaufen brachte vermutlich ein Protest aus engster Nachbarschaft:
Hinter den kleinen Fuhrhäusern wuchsen riesig, wie Menetekel einer modernen Zeit, die Gebäude der Reichsbahndirektion in die Höhe. Die Bahnleute hatten, so wird berichtet, von ihrer höheren Warte sozusagen live einen gänzlich indiskreten Blick auf die sündige Straße. Das durfte

nicht sein und so hagelte es Proteste von oben. Erfolg: Die Fuhr wurde 1890 abgerissen.

Phantasielose Zeitgenossen behaupteten allerdings später, es sei gar nicht um die sündigen Stätten, sondern um sündhaftes Geld gegangen. Das nämlich war damals wie heute mit Grundstückspreisen im ständig rasant wachsenden Elberfeld zu verdienen.
Wie dem auch sei: Hausmann dürfte die Fuhrvergangenheit seiner Familie zum Schluß gescheut haben wie ein heißes Eisen.

Je höher der Ruhm des Elberfelder Dichters in ehrbaren und angesehenen Bürgerkreisen stieg, desto mehr wurde wahrscheinlich seine „Mina Knallenfalls“ zur geheimen Verschlußsache. Hätte er, wie viele nach wie vor forderten, aus seinem Versepos Lesungen abgehalten, wäre mit absoluter Sicherheit die Frage nach dem biographischen Hintergrund gekommen: Woher er das alles so unheimlich genau wisse und ob die erzählten Fuhrgeschichten vielleicht irgendwie sein Leben berührten?

Hausmann wollte und konnte sich aber in der damals äußerst prüden Wilhelminischen Zeit dazu wohl nicht offen äußern. Deshalb kam es wahrscheinlich zu dem radikalen Tabu bis zu seinem Tod. Vorwurfsvoll schrieb 1916 die sozialdemokratische „Freie Presse“ in einem Nachruf, daß der berühmte Heimatdichter leider sein „historisches Kulturdokument, die Mina Knallenfalls“ verleugnet hätte.

Heute sind Hausmanns Trink- und Liebeslieder, sowie seine Lobpreisungen der Hohenzollern weitgehend vergessen.
Mina aber beendete ihr Mauerblümchendasein und mausert sich von Jahr zu Jahr. Mundartfreunde und Literaturkenner präsentieren sie ihren Fans.

Aus dem Lager der Wissenschaft erwiesen zuerst die Sozialhistoriker Mina eine respektvolle Reverenz. Wolfgang Köllmann wies auf die frappierende Ähnlichkeit der im Versepos geschilderten Zustände mit den realen, damals herrschenden Wohn- und Lebensverhältnissen hin. Er nannte „Mina Knallenfalls“ das „Bänkellied des Wuppertaler Proletariats“, eine Charakterisierung, die bis heute Minas Markenzeichen geblieben ist.
Vom Speicherplatz ist Mina endlich uneingeschränkt in die Gunst des Publikums gerückt.

Verdient hat sie es lange.

Auszug aus dem Trauregister der ev. ref. Gemeinde Elberfeld
Traubuch 1803 - 1809

86 Carl Friedr Hausmann
1804 97
Reformirt
Drucker
An der Fohren Stadt
S. F. Nº 12
① weyl. August Hausmann
u.
An. Dorothea Schmittin
Ledig
in Hessen Cassel
Aº 1781 d. 6. Aug.
② Proc. u. ③ Copu.
d. 10. Novem.
Maria Wmina Maas
Luthe.
Schreiner Mstr. Tochter
Bey den Eltern gewesen
Friedr Maas
u.
An. Cath. Stamm
Ledig
in der Stadt Elberfeld
Aº 1776 im ④ July
Herr Pastor Wever
Gottlieb Maas
Sattler in Amsterdam
Anton Körtz
Schneider in der Stadt

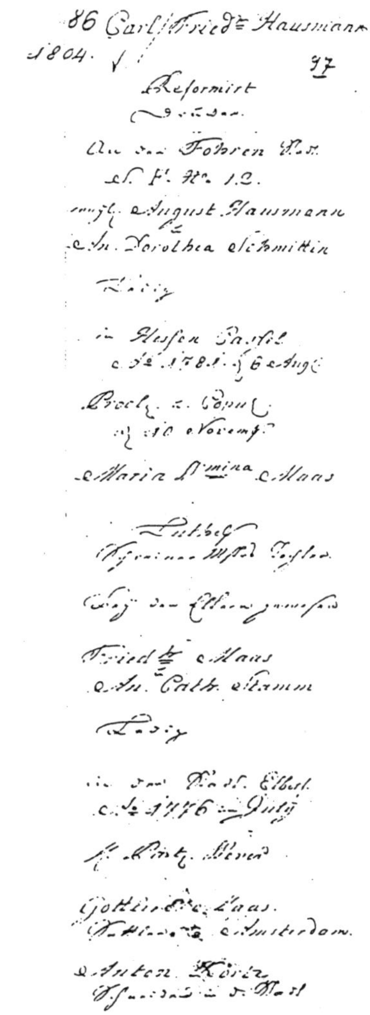

① weyl. = weyland = verstorben
② Proc. = Proklamation = eine amtliche Kundmachung
③ Copu. = Kopulation = Recht: Trauung
④ 22. July

K.-J. Bürandt 93

August Kallenbach

Die Frage „Kennen Sie Kallenbach?“ wird auch von älteren Wuppertalern meist verneint. Kaum jemand erinnert sich an ihn, sein einstiger Ruhm scheint gänzlich verblaßt. Dabei war der sportliche Rotschopf etwa in den Jahren 1855-1875 populärer als Zuckerfritz und trug stolz den ihm vom Volksmund verliehenen Ehrennamen „der kleine Schützenkönig“.
Unter den vier Stadtoriginalen im Glockenspiel des Uhrenhauses Abeler wird zwar auch Kallenbach vorgestellt, aber mit einer Schubkarre gewissermaßen als Gegenstück und Konkurrent von Zuckerfritz. Das jedoch war „de roade Äu“ (der rote August) nur in seiner Spätzeit. „Schuffkar“-Fahrten machten ihn nicht berühmt, seine Talente zeigte er auf anderen Gebieten und in jüngeren Jahren. An diese Glanzzeit Augusts soll erinnert werden.

Zunächst aber auch in dieser Lebensskizze sein „Signalement“, wie in der preußischen Amtssprache „die genaue Beschreibung einer Person in Pässen, Steckbriefen u.ä.“ hieß:

August Kallenbach war, wie es in amtlichen Unterlagen heißt „Tagelöhner und Gelegenheitsarbeiter“. Seine Eltern stammten aus dem Armenviertel an der Fuhr, er hatte keinen Beruf erlernt und konnte nur seine Muskeln gebrauchen. Das tat er auch mit Erfolg, allerdings nur, wenn es ihm nötig erschien. Immerhin: Durch sein Rollen, Stapeln und Tragen bei Firmen und Privatleuten war der kleine, krummbeinige Mann eine kräftige und drahtige Type geworden.

Unter seiner schirmlosen Mütze, die August in der Regel unternehmungslustig schief auf einem Ohr saß, sahen die „onreiten Pannen“ (falsche Dachpfannen - rote Haare) als Markenzeichen überall hervor

und hatten ihm bei jung und alt seinen Spitznamen „roat Kallenbach" eingebracht.

Das Markanteste an Kallenbachs Physiognomie aber war ein richtig dicker, die ganze Breite seines Gesichtes überschreitender und nach der Seite gezwirbelter Kaiser-Wilhelm-Schnurrbart. Solche damals äußerst moderne Manneszier machte August erst so richtig „staats" und gab seiner untersetzten gedrungenen Erscheinung, sozusagen als Schlußpunkt, einen krönenden, imponierenden Anstrich.
Kallenbach pflegte sein Image, er drückte die Brust heraus und hielt das Kreuz bolzengrade. Wenn einer seiner zahlreichen Titel trotzdem „kraum (krummer) Kallenbach" war, lag das an den ganz gewaltigen, selbst in weiten Schlotterhosen nicht zu übersehenden Säbelbeinen.

Richtig bekannt aber wurde „roat Kallenbach" in dem zu seiner Glanzzeit vielleicht 70.000 Seelen zählenden Elberfeld und den angrenzenden Städtchen des Bergischen Landes weniger wegen seines skurrilen Äußeren, sondern als Attraktion bei Kirmesfesten. Dort begeisterte er die staunenden Zuschauer als Kletterkünstler.

In den Laurentiustagen, wenn zu Ehren des Schutzpatrons der Stadt Elberfeld das große Schützenfest gefeiert wurde, kam für August Kallenbach eine große Zeit.
Überall in der Stadt proklamierten Plakate das Königsschießen, den Krönungsball und schließlich - es wurde bis Mittwoch gefeiert - das „große Concert der vereinigten Musik-Chöre". Kräftig geworben wurde mit dem Zusatz „Alle Tage scherzhafte Volksbelustigungen als: Wett- und Sacklaufen, Kletterstangen, Bolzenschießen und vieles andere mehr". Auf diesem Felde gab es auch für August Kallenbach Lorbeeren zu erringen, denn dabei zählte nur Können, nicht Bildung, Besitz oder Stand.

Die vergangenen Volksfeste zu Kallenbachs Zeit waren eine ganz andere Art Kirmes als wir sie kennen. Heute erzeugen technische Perfektionsmaschinen teuren Nervenkitzel. Damals drängelte sich Groß und Klein vor allem um erstaunlich viele teils recht derbe Spiele und Vorführungen, bei denen kostenloses Vergnügen zu ergattern war. Die Unterhaltungen begannen am Nachmittag auf der mit Menschen überfüllten Festwiese des Ochsenkampes. Dieses Gelände, heute überwiegend Industriestandort, liegt an der westlichen Seite des Robert-Daum-Platzes zwischen Friedrich-Ebert-Straße und Wupper.

Auf dem Ochsenkamp wurden, wie ältere Elberfelder noch aus Großvaters Zeiten zu berichten wissen, beispielsweise umfangreiche ganz leicht drehbare Trommeln in länglicher Walzenform aufgestellt. Sie konnten für den lockenden Gewinn von einem „Kastemänneken" (zweieinhalb Groschen) überkrochen werden. Fast immer aber gerieten diese abgefeimt konstruierten, mit Leinwand bespannten Holzgerüste durch die Krabbelei in die beabsichtigte Drehung und ließen den bäuchlings Balancierenden in ein ekliges Gemisch aus Ruß und Mühlendreck plumpsen, für die Umstehenden „en öhntlich Amüsemang". Nachzulesen bei Otto Hausmann ist ein weiteres, deftiges Kirmesspielchen:

Jonges mit verbongne Oogen
froten Kömpe Wollbernbrei.

Hier saßen zwei Akteure mit Binden vor den Augen einander zugewandt. Jeder fütterte sein Gegenüber aus einer Schüssel mit zerquetschten Blaubeeren. Den Zuschauern bereitete es einen Mordsspaß, wenn sich die beiden Opfer langsam aber sicher in Tintenmännchen verwandelten. Die anschließende Belohnung, meist zwei „Kastemännekes", war bestimmt verdient, denn Blaubeertinte hält.

Der Clou aber waren die Kletterbäume. Weithin sichtbar waren sie auf dem Schützenplatz aufgerichtet, dick wie ein Männerarm und von ordentlicher Höhe. Experten berichten glaubwürdig von zwanzig rheinländischen Fuß, das sind 6,277 m !
Hinterlistig waren die Stangen noch an manchen Stellen mit glitschiger Seife eingeschmiert. Jungen und sportliche Männer, die einen Kletterversuch starteten, um die in der Krone aufgehängten Herrlichkeiten zu ergattern, sausten unter entzücktem Hohngebrüll der Zuschauer meist sofort wieder herab, wenn sie in die Schmierseifenzone gerieten.
Hier kam nun August Kallenbach voll zum Zuge. Leichtgewichtig und muskulös schaffte er es immer, einige der in schwindelnder Höhe lockenden Beutestücke, etwa eine dicke Wurst, ein Hemd oder eine Pfeife zu ergattern. So legte er den Grundstein für seine Popularität. Ein gewaltiger Beifallssturm der dichtgedrängten, staunenden Menge war ihm jedesmal sicher.

„Roat Kallenbach“ vermochte es, im Laufe der Jahre seinen Bekanntheitsgrad noch weiter zu steigern. Ein freundlicher Gönner hatte ihm, wohl in Anerkennung der sportlichen Leistungen, seine abgelegte grüne Schützenjacke und die dazu gehörige weiße Leinenhose geschenkt. Stolz wie ein Spanier erschien August fortan in Gala. Seine herausgedrückte Uniformbrust schmückten zahlreiche Kirmesorden, an den Fingern beider Hände prangten große, bunte Ringe.

Wenn die Volksbelustigung so richtig in Schwung gekommen war, trat August auf. Wie ein Lauffeuer ging es rund „Dä roat Kallenbach kömmt!“ Durch ein Spalier gaffender Kirmesbesucher kam der Elberfelder Tagelöhner dann selbstbewußt anmarschiert. Wenn er den Kletterbaum ansteuerte und erst einmal sachkundig umrundete, herrschte atemlose Stille. Schließlich sprang Kallenbach die Stange an und

HIPPODROM
SARASANI
K.-J. Burandt 1993

zog sich mit kräftigen Zügen und gekonnter Beinarbeit ruck-zuck nach oben.

Otto Hausmann hat in „Mina Knallenfalls", als er Karl und sein Mädchen einen Bummel über die Elberfelder Kirmes machen läßt, Kallenbach und seine Kunst verewigt:

Medden op däm Platz, do stongen
Kletterbäum molls en de Reih,
Bowen, an em Hoken, hongen
Piepen, Döker, allerlei.

Dat wor reit schöan ut der Deepe,
On weil meist dat Krom nix wät
Hatten se met schwatte Seepe
Noch dän Boom reit enngeschmeat.

Feng me draan eroptuklemmen
Kom de Tehnde nit tu Schlag
Noch am besten dätt et stemmen
Molls mem kraumen Kallenbach.

Wie en Aape leep dä Bommel
Ent-twei-drei erop am Boom
Wo hä seck dän ganzen Rommel
Molls bineen eronger nohm.

Fengen kon me kennen Nettern
Drömm heet hä seck dropp gestieft
Dat hä jetz dat Stangenklettern
Ok äs Hauptgeschäft bedrieft.

Was das „Hauptgeschäft" anbetrifft, hat Otto Hausmann in dichterischer Freiheit ein bißchen übertrieben, denn von seiner Kirmesbeute

konnte der „Kleine Schützenkönig“, wie er bald überall hieß, auch bei bescheidenen Ansprüchen nicht sein Dasein fristen. Sicherlich bescherte die Kletterei August aber einen netten Nebenverdienst, denn in den Sommermonaten lockte im Bergischen Land ringsum eine Kirmes nach der anderen. Der Elberfelder ließ sich nichts entgehen, erschien überall und machte stets gute Beute. So wurde der uniformierte Kletterkünstler weit über die Grenzen seiner Heimatstadt hinaus eine populäre Figur.

Zum richtig gefeierten Helden eines Gaudiums in der Manege, mit einem Ruhm, der noch lange weiterwirkte, wurde August anno 1875 durch das berühmte Duell „Roat Steinebach“ contra „Roat Kallenbach“.

Ganz in der Nähe des alten Johannisberges betrieb in Nr. 24 der Gesenbergstraße, einer kleinen Seitenstraße, die heute durch den Bau der Stadthalle nicht mehr existiert, der Metzger Hermann Joseph Steinebach eine kleine Fleischerei. Er wurde in der ganzen Gegend wegen seiner schweineschwanzähnlichen feuerroten Ringellocken, die unter einer fettigen Ballonmütze hervorsahen, nur „de roat Steinebach“ genannt. Dieser Metzger war ein fröhlicher Typ, der lieber in seiner Stammkneipe am Island gemütlich beim Bier saß, als Schweine zu schlachten und Würste zu räuchern. Steinebach hatte einen kugelrunden Kopf und ein sommersprossenübersätes Gesicht mit fideler Stumpfnase. Für Allotria sorgte er vor allem mit seinem Esel, wenn er auf dem prächtig aufgeputzten Langohr zu seinen Bierquellen ritt und möglichst noch durch die offene Tür in die Schankstuben trabte. Sein Esel begrüßte die Zecher mit einem lauten „I-A!“

Steinebach aber hatte seinem „Pitter“, so hieß der Esel, noch mehr beigebracht als fröhliche Saufbrüder zu begrüßen. das zeigte sich, als auf dem Johannisberg „Döppers Hippodrom“ eröffnet wurde.

Otto Küpper, der Sohn des sagenumwobenen Gastwirtes und Theaterdirektors Abraham Küpper, hatte hier im südlichen Teil seines Gartens eine einfache Reitbahn aus kreisförmig eingerammten Zaunpfählen und Holzlatten errichtet. Diese geschäftsträchtige Idee wurde vom Publikum sofort begeistert angenommen und trug schöne Früchte. Besonders am Sonntag, wenn sich die jungen Damen gefühlvoll von treuer Freundeshand auf eines der vier Pferdchen heben ließen, herrschte fast Volksfeststimmung.

Metzger Steinebach hatte nun mit dem „dicken Döpper", einem von Küpper engagierten Schausteller, der das „Hippodrom-Orchester", eine mehr laut als schön tutende Orgel bediente und kassierte, eine Absprache getroffen. Durch sie kam ein für das Publikum hochvergnügliches Spektakel in Gang:

Steinebach führte seinen Esel in die „Menage", schob die Ballonmütze ins Genick und hielt folgende aus Platt und Hochdeutsch gemixte Anprache, die von Adolf Dorp, dem 1854 in Barmen geborenen Schauspieler und Heimatschriftsteller (gest. 1924) überliefert ist:

„Hochverehrtes Publikum! Auf allgemeinen Wunsch und einem dringenden Bedürfnis abzuhelfen: Heute großes, Esel-Preis-Wett-Kunst- und Dauerreiten ! Entrée nur fünf Groschen à Person! Kinder und Jungfrauen die Hälfte! Griese on aule Wiewer öwer sewenzig Johr ganz omsöß!"
Dann pries der dicke Metzger seinen Spaß tüchtig an und machte die anwesende Männerwelt auf eine Belohnung scharf:

„On nu opgepaßt! Wer den Esel nur einmal durch die Menage rundreitet, kritt ut ming Täsche tur Beloahnung eng Mark, wer zweimal rundreitet, kritt twei Mark, on wä dreimal römkömmt, kritt'n Daler, on

wä als ‚Dauerrenner' öwer dreimal ronk ritt, kritt'n Earenpries van twentig Mark!"
Der bestens abgerichtete Esel trabte dann in die Mitte des Hippodroms, drehte sich wie ein „Dilldopp" und ermunterte potentielle Reiter mit freundlichen „I-A"-Tönen.

„Immer ran, meine Herrschaften, immer ran" heizte „roat Steinebach" weiter die Stimmung an und jedesmal fand sich tatsächlich nach kürzester Zeit ein naiver Möchtegern-Cowboy, den der ausgesetzte Höchstpreis lockte. Verwunderlich war das nicht, denn zwanzig Mark, damals noch ein Goldstück, stellten für den kleinen Mann ein recht beachtliches Sümmchen dar.

Zuerst aber mußte das Opfer fünfzig Pfennig blechen. Dann wurde es von dem pfiffig schmunzelnden Steinebach sanft auf den Rücken des Esels gehoben. Der durchtriebene Eselsbesitzer drehte mit seinem Delinquenten zunächst eine Ehrenrunde, wobei er sein jetzt noch lammfrommes Grautier am Schopf führte. Dann aber trat er zurück und gab unter einer tiefen Verbeugung das fiese Kommando: „Soa Pitter, nu schmiet'n raff!"

Jetzt zeigte der Esel, was an trickreicher Bosheit in ihm steckte. Er wackelte zunächst wild mit dem Bauch, wenn das nichts half, stellte er sich auf die Hinterbeine. Schließlich machte er Kniebeugen und versuchte, den Reiter kopfüber abzuwerfen. Letzter Akt des Dramas war ein bösartiges Bocken, vor- und rückwärts, hinten und vorne ohne Pause, bis der verzweifelte Reiter schließlich loslassen mußte und im Sande der „Menage" landete.

Für die Zuschauer waren die Kapriolen des Esels mit dem krönenden Abwurf jedesmal ein Heidenspaß und auch das Duo Döpper/Steine-

bach schmunzelte abends beim Betrachten seiner Einnahmen. Der Esel galt als unschlagbar. An einem Sommerabend des Jahres 1875 aber zerbrach dieser Nimbus:

Aufgeregt verkündeten die Straßenjungen vom Island - ständige Zaungäste in Döppers Hippodrom - eine Parole, die bisher nur auf den Schützenplätzen elektrisierend gewirkt hatte „Dä roat Kallenbach kömmt, dä roat Kallenbach kömmt!“
Und richtig - in seiner Kirmeskostümierung zog, vom Publikum mit erwartungsvollen Beifallsrufen begrüßt, August Kallenbach ins Hippodrom. Er ging, so schilderte es Adolf Dorp „schnurstracks auf den Kassentisch zu und warf ein schon bereitgehaltenes Fünfgroschenstück auf den als Kassette dienenden Suppenteller, zeigte mit der linken Hand auf den Esel und sprach mit einer ganz energischen Betonung nur das eine Wort ‚Rieden‘ (Reiten)!“

Steinebach, innerlich schon voller Mißtrauen gegen diesen durchtrainierten Bewerber, ging sofort zum psychologischen Angriff über und gab wütend zurück:
„Wat? Du kraumbeenigen Teckel woß op minnem Esel rieden? Dann paß merr op, datt hä deck nit oppfrett, du muffige Krukestoppen!“
Aber Kallenbach ließ sich kein bißchen aus der Fassung bringen: Ruck-zuck saß er unter dem jubelnden Beifallsgejohle der Zuschauer auf dem zunächst noch lammfromm dastehenden Esel. Nach der Ehrenrunde gab Steinebach wieder sein berüchtigtes Kommando: „Soa, Pitter, nu schmiet'n raff!“

Aber alle Tricks und Teufeleien des Esels griffen diesmal nicht. Kallenbach legte beide Arme um den Hals des wie toll herumspringenden Tieres und spannte die krummen, an zahllosen Kletterbäumen gestählten Säbelbeine wie einen Schraubstock um den Bauch des fauchenden

DÖPPER
Hippodrom-Orchester
ELBERFELD
ELBERFELD
K.-J. Burandt 1993

Esels. Schließlich biß er sich mit seinen breiten, starken Zähnen in dessen dickhaariger Mähne fest und stieß immer wieder drohend hervor: „Entweder du oder eck! Eener von us twei mot dran glöwen!“ Ringsum tobten die Zuschauer vor Begeisterung, als der „Kleine Schützenkönig“ nach etwa einer Viertelstunde immer noch wie angeschweißt auf seinem wilden Reittier saß. Dann kapitulierte der Esel und machte eine Pause. Er setzte sich auf die Hinterbeine und schnaufte erbärmlich.

Wütend und krebsrot umtanzte Steinebach sein Langohr und feuerte es erbarmungslos an: „Schmiet'n raff, Pitter, schmiet'n raff!“ Aber der Esel antwortete nur noch mit einem dumpfen Stöhnen und Kopfschütteln und es wird berichtet, daß der erboste Metzger schon erste Beschimpfungen wegen Tierquälerei einkassieren mußte.

Da bewies August Kallenbach, daß er durchaus nicht so einfältig war, wie ihn manch mißgünstige Zunge machen wollte. Mit pfiffigem Instinkt zog er seine langen Arme unter den Bauch des Esels und begann dort freundlich zu kraulen. Da, oh Wunder, erhob sich das vorher so biestige Grautier und trabte vorsichtig, als wolle es die Kraulprozedur nicht stören, eine behutsame Runde. Das Publikum geriet außer Rand und Band: „Hä kritt'n Mark!“ Aber der Esel trabte weiter fröhliche Runden, so daß schließlich nach dem Zeugnis von Adolf Dorp das ganze Auditorium einmütig brüllte: „Hoach Kallenbach, Hoach dä Eselskönig August Kallenbach! Hä kritt'n Ehrenpries! Hä kritt twentig Mark! Hoach! Hoach!“

Steinebachs versuchter Einspruch gegen die Rechtsgültigkeit des Sieges wegen Bauchkraulens wurde vom Publikum unter tosendem Hohngelächter zurückgewiesen. Er mußte blechen, Kallenbach kassierte und war der Held des Hippodroms.

Noch viele Jahre wurde auf dem alten Johannisberg die Geschichte von Kallenbachs glänzendem Reitersieg beim Duell der beiden Rotschöpfe zum besten gegeben.

Bei seinem Hippodromtriumph war „roat Kallenbach" bereits siebenunddreißig Jahre, ein Alter, bei dem auch Sportler in die Seniorenkategorie geraten. Als er die Kletterbäume nicht mehr bezwingen konnte und auch sonst die Kräfte nachließen, verlegte er sich aufs Altwarensammeln. Jetzt zog „kraum Kallenbach" recht häufig mit einer Schubkarre die Häuserzeilen entlang und durchforstete Abfallplätze, Schutthalden, Kanäle und Müllgruben nach Brauchbarem für seinen „Produktenhandel", wie man es heute nennen würde. Spätere Berichte über Kallenbach haben ihn manchmal als „bergischen Naturforscher" verulkt und seine Sammelei als Spleen hingestellt. Das trifft nicht zu und ist falsche Romantik. Vom Weiterverkauf seiner armseligen Beute mußte Kallenbach existieren und lebte, wie Zuckerfritz, im Alter an der untersten Armutsgrenze. Sein Bekanntheitsgrad half ihm etwas, wenn er in den Haushalten gegen kleine Entlohnung sperrige Altwaren abtransportierte. Vielfach wurde er dabei in Gespräche verwickelt und war, trotz seiner abgehackten, unbeholfenen Sprechweise, selten einem „Klön" abgeneigt. Dabei spielte man ihm aber auch Streiche. Nicht selten wurde, wenn August gestikulierend in einer Gruppe von „Freunden" stand, das Rad seiner Schubkarre festgebunden, sein Gefährt streikte bei der Abfahrt und er mußte fluchend zur Freude der Übeltäter den Schabernack beseitigen.

Bekannt ist, daß „de roade Äu" zuletzt zwischen Engelnberg und Mirke auf dem Obersteinenfeld wohnte. Zunächst hatte er dort ein Quartier im alten Fachwerkhaus des Webers Karl Hoviele. Als sich aber Kallenbachs „Produktenhandel" erweiterte, bezog er auf städtischem Grund eine Art Schuppen, den er sich mit Duldung der Behörden

K.J. Burandt 1992

wahrscheinlich selbst zimmerte. Diese Unterkunft durfte sogar im Adreßbuch als „Obersteinenfelder Str. 24 a“ auftauchen und hieß im Volksmund „Villa Kallenbach“.
Hier hauste der einstige Held der Kirmesplätze nun mit seiner Schwester Mina und einigen Hunden. Von Victor Friedrich Storck wird dazu in seiner Erzählung „Vaterhaus und Vaterstadt“ eine gruselige Geschichte überliefert. Storck schreibt: „Der Reviersergeant kam eines Tages auf seinem Kontrollgang in die ‚Villa Kallenbach‘. Als er die Tür öffnete, schlug ihm ein fürchterlicher Geruch entgegen. Sein Blick durchforschte den kleinen Raum und da sah er hinterm Ofen auf einem Stuhl die Mina sitzen, aschfahl, mit geschlossenen Augen und ineinandergeduckt. Dem Polizeimann war sofort klar, daß da eine Tote hockte. Er nahm alsbald den Bruder ins Verhör und August gestand: ‚Aes eck döß Dag merkden, dat et Mina aanfeng vor Käulde stief te weren, do heff eck et meck hengerm warmen Owen gesatt, äwer gebatt heet et bis jetz noch nit!‘“

Diese Horrorgeschichte von Augusts gescheitertem „Erwärmungsversuch“ wurde später immer wieder nacherzählt und hat den Ruf seiner Einfalt festgeschrieben. Sie ist aber falsch, denn Mina überlebte ihren Bruder und kam ins Armenhaus. So berichteten jedenfalls übereinstimmend die örtlichen Zeitungen nach Kallenbachs Tod. Auch eine andere Geschichte, vielfach überliefert, braucht nicht unbedingt seine Beschränktheit zu beweisen. Danach führte er auf seiner Schubkarre immer eine verbeulte Blechkanne mit. Foppten ihn seine „Freunde“ mit der Frage „Sei, Augus, heeße do Fussel dren?“ erhielten sie stets die Antwort: „Ah wat, do breng eck meck et Water mit no Hus, Water met no Hus. Do bowen wellen se meck vergeften, vergeften wellen se meck. De Höng hannt se meck alt vergeft!“
Wahrscheinlich mußte Kallenbach sich das Wasser holen, denn seine Bretterbude dürfte kaum einen Brunnen besessen haben. Möglicher-

weise waren auch seine Hunde manchen Nachbarn lästig, Augusts Vergiftungsverdacht erscheint deshalb nicht gänzlich abwegig.
Sicher war Kallenbach kein großes Licht, aber Korrekturen an den späteren poetischen Erzählungen über eine angeblich ganz auffällige Beschränktheit des einstigen Kletterkünstlers sind aus Fairneß sicher angebracht.
Möglicherweise bedarf auch ein anderes, liebgewordenes Bild des Originals Kallenbach einer Richtigstellung, nämlich sein Verhalten gegenüber Zuckerfritz. Bekanntlich zeigt ein Foto, von dem auch später Postkarten vertrieben wurden, die beiden „Schuffkar“-Besitzer mit ihren Vehikeln in scheinbar trauter Zweisamkeit. Dazu gibt es einen interessanten Leserbrief (Wuppertaler General-Anzeiger vom 2.6.49). Hier heißt es. „Das Doppelbildnis von ihm (Zuckerfritz) und Kallenbach ist allgemein bekannt, es entspricht aber nicht dem Verhältnis der beiden, die so freundschaftlich, fast brüderlich erscheinen. In Wirklichkeit wollte Zuckerfritz vom anderen nichts wissen; wenn man diesen erwähnte, spuckte er aus. Vielleicht war ihm der andere zu proletarisch, vielleicht war es Konkurrenzneid.
Wahrscheinlich entstand die Gruppe auf Wunsch einer heiteren Gesellschaft, die dafür die entsprechende Belohnung spendete.“

Auch der Schulmann und Heimatforscher Friedrich Kerst betont das überwiegend knurrige Miteinander der beiden Originale und dichtete zu ihrem Auftreten in Abelers Glockenspiel:

> „Se schuwen hen und schuwen her
> se send sek bös und kieken quer“

Konkurrenzneid könnte durchaus im Spiel gewesen sein. Zwar kamen sich Zuckerfritz und Kallenbach bei ihren „Schuffkar“-Fahrten wohl nur wenig ins Gehege, weil August überwiegend seine mit Altwaren gefüllten Sammelsäcke zur „Villa Kallenbach“ karrte. Beide aber

pflegten den Brauch, bei Hochzeiten, Jubiläen und ähnlichen fröhlichen Festivitäten als Gratulanten zu erscheinen. Bei solchen Anlässen saß die Mark auch im sparsamen Bergischen meist locker und die heiter gestimmten Gäste begrüßten das jeweils auftretende Original mit großem Hallo. Ärgerlich war nur für Zuckerfritz, wenn Kallenbach - bei solchen Anlässen trug er bis zuletzt seine Schützenkluft - schon abkassiert hatte oder wenn umgekehrt dem „roaden Äeu" dies Malheur passierte. Solche Vorkommnisse untergruben natürlich die Sympathien zwischen Fritz und August, die Legende ihrer dicken Freundschaft hält sich aber hartnäckig bis heute.

Im rasant wachsenden Elberfeld soll August sich nicht mehr wohlgefühlt haben. In einem Kurzporträt, das gleich nach seinem Tode erschien, schreibt der Verfasser Ernst Söhngen: „Wenn er irgendwo in einer Schnapsschenke stockend und schwerfällig seine Erinnerungen aus den Tagen des ‚Glanzes' auskramte, leerte er zum Schluß betrübt sein Glas mit den Worten: ‚Jo, et es all angersch gewor'n, et es nich mehr so äs fröger!'"

Wer aber war August Kallenbach ?

Eine Stammtischwette, August Kallenbach hätte es nie gegeben, kann gewonnen werden, wenn der Wetter buchstäblich auf die genaue Schreibweise pocht. Tatsächlich hieß August nach standesamtlichen Unterlagen „Kal***d***enbach", fast alle seine Zeitgenossen aber nannten ihn „Kallenbach", also ohne „d". Das lag vielleicht an Augusts kurzer, abgehackter Sprachweise, die ihn diesen Buchstaben einfach verschlucken ließ. Zuletzt hatte sogar das quasi halbamtliche Adreßbuch die populäre Schreibweise „Kallenbach" übernommen.

Kallenbach gehörte nicht nur im Alter zu den Ärmsten. Auch seine Kindheit dürfte, will man sie vom bestimmt ärmlichen Einkommen der

Familie her betrachten, kaum unter einem besseren Stern gestanden haben.
Seine Eltern, die Seidenweberleute Johann Konrad Kaldenbach und Anne Helena Jörges, heirateten am 8. Mai 1834 in Elberfeld und wohnten im Armenviertel an der Fuhr, wo viele Weber Quartier gefunden hatten. Später zog die Familie um und ist, als der Sohn Peter Carl Leonhard August am 28. Februar 1838 geboren wird, unweit der Fuhr „Auf dem Döppersberg Nr. 1159“ zu finden.
Auch als Heranwachsender dürfte August Kallenbach weiter zu den sozial schwächsten Bevölkerungsschichten an der Fuhr gehört haben. Zur Frage, warum er sich keine „bessere Hälfte“ suchte, ist nichts überliefert. Vermutlich hätte er durchaus als junger Bursche unter den Minas an der Fuhr eine „Schützenkönigin“ finden können, aber er scheint in dieser Richtung keinen Ehrgeiz entfaltet zu haben. Hier war er wohl doch ein Bruder im Geiste von Zuckerfritz, zumal auch Kallenbach, wie von vielen Seiten berichtet wird, lebenslang kein Freund fester Arbeit war. Er zog ebenfalls das Vagantenleben vor und schlug sich lieber als Gelegenheitsarbeiter durch.

Kurz vor seinem Tode kam August Kallenbach, wie Husch-Husch, nach Galkhausen, wo er am 17. Februar 1908 verstarb. Drei Nachrichtenblätter, die „Bergisch-Märkische Zeitung“, die „Barmer Zeitung“ und die „Neuesten Nachrichten“ berichteten über den Tod des Originals. Letztere schrieb am 21. Februar 1908: „‚Dä roade Kaldenbach‘, ein stadtbekanntes Elberfelder Original, ein Seitenstück zu dem bereits vor einigen Jahren verstorbenen ‚Zuckerfritz‘, ist am 18. d. Mts. in der Landes-Heil- und Pflegeanstalt Galkhausen, wo er bereits seit dem 10. Januar als Pflegling weilte, im Alter von nahezu 70 Jahren gestorben. Kaldenbach war als vorzüglicher ‚Stangenkletterer‘ im ganzen Bergischen Lande weit und breit bekannt. Er fehlte auf keinem Schützenfeste, wo er in seiner grünen ‚Galauniform‘

das größte Aufsehen erregte und stets als Erster der Stangenkletterer mit den schönsten Preisen von dannen zog."

Keiner der im Tenor durchaus freundlichen Nachrufe über das verstorbene Stadtoriginal erwähnt allerdings Kallenbachs Abstieg und sein letztes, mühseliges Lebensjahrzehnt. Das geschieht allenfalls poetisch verbrämt, wenn auch hier wieder die Geschichte vom „Bergischen Naturforscher" erzählt wird, der am Ende seines Lebens in seiner Brettervilla „Raritäten" sammelte. (Diese Behausung wurde übrigens nach Kallenbachs Tod sofort abgerissen) Damals, zu Kaisers Zeiten, paßten die Schattenseiten eines Lebens als Original einfach nicht in das heiter-romantische Klischee von solchen Existenzen.

Die Elberfelder Adreßbücher und der Totenschein Augusts aus der „Galke", so hieß sein letztes Spital im Volksmund, sind da eine zutreffendere Quelle. Hier wird amtlich-nüchtern als letzter Beruf des einstigen Stars auf den Kirmesplätzen festgehalten: Lumpensammler.

Geburt von Peter Carl Leonhard August Kaldenbach.

№ 298

Im Jahr eintausend achthundert sechs und dreißig, am fünften März, Vormittags um zehn Uhr, erschien vor mir Wilhelm Heilmann, Beigeordneter der Sammtgemeine Elberfeld, der Schreiner Conrad Kaldenbach, acht und vierzig Jahre alt, wohnhaft auf dem Döppersberg, No 1159, mit der Anzeige, daß am Mittwoch den acht und zwanzigsten vorigen Monats Februar, des Morgens um sechs Uhr, ihm von seiner Ehefrau Helena Jörges ein Knabe geboren sei, welchem er den Vornamen Peter Carl Leonhard August gegeben habe. –

Zeugen bei dieser Handlung waren: Carl Vobbe, drei und vierzig jährigen Alters, Kleidermacher, wohnhaft auf der Klotzbahn, und Friedrich Güsewelle, sieben und fünfzig Jahre alt, ohne Gewerbe, wohnhaft in Mühlenschleife. Nach Vorlesung haben die Comparenten mit mir unterschrieben. –

Conrad Kaldenbach

Carl Vobbe

F. Güsewelle

Heilmann

Nr. 298

Geburt von Peter Carl Leonhard August Kaldenbach

Im Jahr eintausend achthundert acht und dreißig, am fünften März, des Vormittags um halbneun Uhr, erschien vor mir Valentin Heilmann, Beigeordneter der Sammtgemeine Elberfeld, der Seidenweber Conrad Kaldenbach, acht und vierzig Jahre alt, wohnhaft auf dem Döppersberg Nr. 1159, mit der Anzeige, daß am Mittwoch den acht und zwanzigsten vorigen Monats Februar, des Morgens um sechs Uhr, ihm von seiner Ehefrau Helene Jörges ein Knabe geboren sei, welchem er die Vornamen Peter Carl Leonhard August gegeben habe.

Zeugen dieser Handlung waren: Carl Voppe, drei und vierzig ....jährigen Alters, Kleidermacher, wohnhaft auf der Klotzbahn, und Friedrich Gisewelle, sieben und fünfzig ....Jahre alt, ohne Gewerbe, wohnhaft im Mühlenschütt.

Nach Vorlesung haben die Comparenten mit mir unterschrieben.

Konrad Kaldenbach
Carl Vobbe
Fr. Gisewelle

Heilmann

Nu es am Eng de kotte Wech,
dä us molls Leed on Lust gebreit
on önk bim Lesen, hopen vi,
gemackt en bettschen Freud.

Geng et meest schmal un uselig,
wor ok dat Lewen hatt –
vi send, on dat vergeetent nit,
en Stöcksken user Stadt!

Nu is am Eng de kolle Wind.
Döi is molls Land on Lücht gebreit
on ouk bim Lesen, sehen wi,
gemarkten bettschen Freud.

Genog et meist schmal un selig,
woar ok dat Lewen hart —
wi sind, on dat vergetten wi nit,
en Stöckske unser Stadt!

Bild- und Dokumentennachweis:

Foto Peter Held, Foto Fritz Poth, Foto August Kallenbach / Fritz Poth: Historisches Zentrum Wuppertal.

Telegramm an Otto Hausmann vom 5.11.1907: Stadtarchiv Wuppertal, Nachlaß Otto Hausmann

Geburtsurkunde Peter Held und August Kaldenbach: Standesamt Wuppertal

Auszug aus dem Trauregister der ev.-ref. Gemeinde Elberfeld, Traubuch 1803-1809: Heirat Hausmann-Maas, 10. November 1804: Nordrhein-Westfälisches Personenstandsarchiv Rheinland

Geburtsurkunde Fritz Poth: Nordrhein-Westfälisches Personenstandsregister Rheinland

Namentlich möchten wir am Ende unserer Spurensuche für Hilfe beim Auffinden wichtiger Quellen besonders danken:
Frau Marianne Beckmann, geb. Rüggeberg
Frau Ilse Rilke
Frau Gertrud Sass

Ferner halfen durch Auskunft, Leserbriefe und andere Mitarbeit:
Herr Klaus Peter Huttel
Herr Peter Elsner
Herr Dr. Herbert Pogt
Frau Else Küllenberg
Frau Helga Richter
Herr Gerd Leimbach
Frau Bernhilt Fritzler
Frau Hannelore Boemelburg
Frau Ulrike Voßen-Schulte
Herr Michael Schulte
Frau Grete Kornblum
Frau Emma Frank
Frau Elsbeth Wehn
Frau Anneliese Kühle

Bitte unterstützen Sie uns bei unserer Arbeit, die wir fortführen möchten. Mit Sicherheit gibt es noch mehr über die Wuppertaler Originale zu finden. Schreiben Sie uns, wenn Ihnen weitere Tatsachen oder Geschichten zum Kreis der vorgestellten Vier oder über andere hiesige Originale bekannt sind. Vielleicht läßt sich das Originale - Panorama unserer Stadt vervollständigen!

Es bedanken sich im voraus:
Dr. Heinrich Karl Schmitz
Wolfgang Winkelsen
Sillerstraße 38
42327 Wuppertal
Tel. 0202 / 74 10 09

Otto Hausmann
MINA KNALLENFALLS
Mit Bildern von Albrecht Kettler
80 Seiten, 12. Auflage, DM 6,30

Es ist seit langem kein Geheimnis mehr, daß die "Mina" aus der Feder Otto Hausmanns stammt, des bekannten Elberfelder Heimat- und Mundartdichters, dessen Gedächtnis in der Straßenbenennung "Otto-Hausmann-Ring" geehrt und wachgehalten wird. Kein mundartliches Gedicht hat sich je so lebendig in der Wuppertaler Bevölkerung und darüber hinaus im ganzen Bergischen Land erhalten wie gerade dieses Kind einer sprühenden Dichterlaune.

Der drastische Humor, in dem diese an sich tragische Geschichte eingekleidet ist, läßt manchmal vergessen, daß hier ein Dichter mit warmem Herzen für die Ärmsten des Volkes in die Bresche sprang als Mahner gegen die sozialen Ungerechtigkeiten einer vergangenen Epoche.

Waldemar van Wichelkus
Löstige bergische Schnaken on ulkige Stöckskes töm Vöardregen
72 Seiten, 5. Auflage, DM 9,60

Waldemar van Wichelkus, der früher seine Mundartgedichte in seiner eigenen Zeitung "Pottkieker" zum Besten gab, hat in diesem Büchlein seine besten Gedichte und Anekdoten zusammengefaßt.

"Kiek öwwern Tuun" in die Welt hinaus!
Gar viel wirst Du erspähen.
Und ziehst Du Deinen Nutzen d'raus,
kannst Du viel Gutes säen!

"Hie kallt Ötte"
von Ötte (Hans Geib)
126 ausgesuchte, lustige Geschichten
in "gemischtem"
Wuppertaler Platt, DM 19,80

Ötte, allen bekannt seit 22 Jahren aus der Westdeutschen Zeitung als Mundartkolumnist, hat in diesem Büchlein seine schönsten Geschichten zusammengefaßt. Ötte verfährt frei nach Luther und schaut dem Volk aufs Maul. Gegenstand seiner Kolumnen sind Menschen wie du und ich. Ötte befaßt sich mit Problemchen und Themen, die uns alle bewegen. Er ist kein Mundartwissenschaftler, sondern ein "Jong aus dem Dal, dä platt kallt".